O DELITO DE APROPRIAÇÃO INDÉBITA PREVIDENCIÁRIA

Crime de Omissão Material?

D218d Dariva, Paulo
   O delito de apropriação indébita previdenciária: crime de omissão material? / Paulo Dariva. – Porto Alegre: Livraria do Advogado Editora, 2009.
   128 p.; 21 cm.
   ISBN 978-85-7348-630-8

   1. Crime contra a previdência social. 2. Apropriação indébita. 3. Previdência social. I. Título.

   CDU – 343.232

   Índices para catálogo sistemático:
   Crime contra a previdência social   343.232:368.4
   Apropriação indébita   343.232
   Previdência social   368.4

   (Bibliotecária responsável: Marta Roberto, CRB-10/652)

Paulo Dariva

O DELITO DE APROPRIAÇÃO INDÉBITA PREVIDENCIÁRIA

Crime de Omissão Material?

Porto Alegre, 2009

© Paulo Dariva, 2009

Capa, projeto gráfico e diagramação
Livraria do Advogado Editora

Revisão
Rosane Marques Borba

Direitos desta edição reservados por
Livraria do Advogado Editora Ltda.
Rua Riachuelo, 1338
90010-273 Porto Alegre RS
Fone/fax: 0800-51-7522
editora@livrariadoadvogado.com.br
www.doadvogado.com.br

Impresso no Brasil / Printed in Brazil

Aos meus pais, Ademir Benito Dariva e Neusa de Mattos Dariva, e para meu irmão, Gabriel Dariva, a quem devo a minha formação pessoal e profissional, sem os quais nada disso seria possível.

À minha noiva, Roberta Castro de Oliveira Freitas, pelo incondicional apoio, compreensão, dedicação e incentivo, que tornaram possível a elaboração da presente obra.

Ao Dr. Amadeu de Almeida Weinmann, reconhecido advogado criminalista, grande mestre e amigo, pela fraternal acolhida em seu escritório, do qual me orgulho de hoje integrar.

Ao Prof. Me. Alexandre Wunderlich, orientador do presente estudo, a quem devo grande parte de meus conhecimentos jurídico-penais.

Por fim, à Livraria do Advogado, pelo interesse e empenho na publicação do presente trabalho.

Prefácio

Era julho do ano de 2007. Uma tarde fria na Faculdade de Direito da Pontifícia Universidade Católica do Rio Grande do Sul, uma das tantas que marcaram os últimos dez invernos da minha vida acadêmica. Estava em banca de seleção para ingresso no curso de Especialização em Direito Penal Empresarial do Programa de Pós-Graduação Ciências Criminais e lia o currículo de Paulo Dariva. De pronto, superei as informações básicas e outros títulos que constam corriqueiramente nos currículos e resgatei as credenciais de realce: bacharel pela Universidade Federal do Rio Grande do Sul, onde participou do Grupo de Pesquisa Ciência Penal Contemporânea sob orientação do Professor Tupinambá Pinto de Azevedo e advogado com atuação no escritório do reconhecido criminalista Dr. Amadeu de Almeida Weinmann, que tanto admiro. Pensei: com este histórico, vindo procurar o nosso Programa de Pós-Graduação, o jovem advogado tem potencial.

De fato, Paulo Dariva fora aluno de Tupinambá Pinto de Azevedo e Marco Aurélio Moreira de Oliveira, estimados amigos e professores, o que me fez lembrar que a vida acadêmica é cíclica. Repetem-se relações com certa regularidade onde ex-alunos viram mestres e nossos colegas com freqüência. Recordei especialmente as lições que tomei dos saudosos Professores Paulo Cláudio Tovo, Luiz Luisi e Paulo Pinto de Carvalho, que tanto me incentivaram – que falavam com o coração e com coragem, e os três eram assim, empolgados, muito vivos, falantes, críticos e comprometidos com suas causas e paixões. Veio à memória o tempo em que abriram as portas de suas bibliotecas e ajudaram jovens penalistas na fundação do Instituto Transdisciplinar de Estudos Criminais, o ITEC/RS.

A verdade é que as boas histórias tendem a ser repetidas dentro da universidade. A Academia permite ao professor o agradecimento em público aos seus mestres, ao tempo que possibilita abrir portas pelo caminho, trabalhando na formação de colegas, descobrindo novos talentos. Quando completo meus dez anos de atividade docente na PUCRS, vejo no Paulo Dariva o recomeço. Nele e num grupo de jovens penalistas que agora ocupa espaço na Academia e nos foros do Rio Grande. Paulo Dariva faz parte da nova geração de penalistas gaúchos, filho da Escola de Criminologia e Direito Penal Garantista criada no sul do país, fundamentalmente no PPGCRIM da PUCRS na década de noventa. Hoje, Paulo Dariva é cúmplice da história e interlocutor dos nossos diálogos em defesa da Constituição Federal e do garantismo penal.

Paulo Dariva chegou ao PPGCRIM trazendo na bagagem a experiência de ter estudado na universidade pública federal, onde lecionei por curto espaço de tempo e tive a oportunidade de paraninfar a turma de 1997, antes de firmar pé na minha Casa: a PUCRS. Conhecia o potencial dos alunos da Casa de André da Rocha. Paulo trouxe sua formação e ingressou no PPGCRIM da PUCRS, indiscutivelmente um dos mais reconhecidos Programas de Ciências Criminais da América Latina. Tem, pois, pilares sólidos na sua dedicada carreira. Isto possibilita seu crescimento, que vem ocorrendo com incrível brilhantismo. Irresignado e comprometido com a proposta constitucional e democrática do direito penal, Paulo Dariva vem ocupando espaços de relevo no cenário acadêmico.

Prova disso é o opúsculo que tenho a honra de prefaciar. Mais um trabalho do autor que ora se torna público. Um texto de qualidade que é fruto de séria pesquisa realizada pelo Paulo Dariva, forjada durante o desenvolvimento do curso de Especialização em Direito Penal Empresarial do Programa de Pós-Graduação Ciências Criminais da PUCRS. Tive o prazer de orientar o Paulo Dariva, restando a monografia aprovada com grau máximo pela banca examinadora composta pelo Professor Doutor Paulo Vinicius Sporleder de Souza e pelo Professor Mestre Vitor Guazzelli Peruchin.

A questão intrincada após o julgamento famoso do HC n. 81.611/DF (Rel. Min. Sepúlveda Pertence, j. 10/12/03), no qual o STF firmou posição de que, nos delitos tributários, o início da ação penal depende do exaurimento da esfera administrativa/fiscal, pois o trânsito em julgado constitui condição objetiva de punibilidade para a concretização do tipo legal de crime, era saber se o mesmo raciocínio era aplicável aos crimes previdenciários. A partir de exame de precedente do STF, Inq. n. 2.537 AgR-GO (Rel. Min. Marco Aurélio, j. 10/3/08), Paulo Dariva faz um trabalho didático e prático sobre o tema, reunindo a teoria com a realidade forense.

Em outras apresentações e prefácios, tive a oportunidade de destacar que tenho respeito por Advogados militantes que deixam temporariamente suas práticas diárias e retornam à academia ou, ainda, os que nela prosseguem os estudos ingressando na pós-graduação, como é o caso do Paulo Dariva. Reconheço nestes profissionais o papel de destaque que eles têm dentro da classe, uma função de difusores de idéias e teses acadêmicas no dia-a-dia forense. É como se estivessem com um pé na dura realidade forense e com outro na universidade. Essa militância dupla serve de húmus, de terra fértil para o processo de diminuição da distância existente entre a desalentadora jurisprudência produzida pelos Tribunais e a produção científica que vem da Academia.

Paulo Dariva está de parabéns. Cumprimentos ao Editorial Livraria do Advogado por mais esta acertada publicação. O trabalho que ora apresento é importante contribuição para o estreitamento de laços entre a jurisprudência e a doutrina, bem como a equalização destes discursos que até hoje são tão assimétricos.

PUCRS, março de 2009.

Alexandre Wunderlich
Prof. Coordenador do Departamento de Direito Penal
e Processual Penal e do Pós-Graduação em
Direito Penal Empresarial da PUCRS

Sumário

Apresentação – Amadeu de Almeida Weinmann 13
Introdução 15
1. Histórico legislativo do Delito de Apropriação
   Indébita Previdenciária 17
   1.1. O Decreto-Lei nº 65/1937 17
   1.2. A Lei Orgânica da Previdência Social – Lei nº 3.807,
        de 26 de agosto de 1960 19
   1.3. O Decreto-Lei nº 66, de 21 de novembro de 1966 20
   1.4. A Consolidação das Leis da Previdência Social
        (Decreto nº 77.077, de 02 de fevereiro de 1976) 20
   1.5. A Lei nº 8.137, de 27 de dezembro de 1990 22
   1.6. A Lei nº 8.212, de 24 de julho de 1991 23
   1.7. A Lei nº 9.983, de 14 de julho de 2000 25
2. O Delito de Apropriação Indébita Previdenciária:
   aspectos gerais do tipo penal 29
   2.1. O bem jurídico tutelado 29
   2.2. O artigo 168-A do Código Penal e a norma penal
        em branco 34
   2.3. Elementos objetivos do tipo penal 36
        2.3.1. A conduta prevista no tipo penal 37
        2.3.2. O *caput* do artigo 168-a do Código Penal 40
        2.3.3. O § 1º, inciso I, do artigo 168-A do Código Penal 44
        2.3.4. O § 1º, inciso II, do artigo 168-A do Código Penal 51
        2.3.5. O § 1º, inciso III, do artigo 168-A do Código Penal 55
   2.4. A extinção da punibilidade pelo pagamento do tributo 57
   2.5. O perdão judicial ou a aplicação exclusiva da
        pena de multa 70

3. Questões relevantes acerca do Delito de Apropriação
Indébita Previdenciária 77
3.1. Prisão civil por dívida 77
3.2. O prévio exaurimento da via administrativa como
condição de procedibilidade da ação penal 82
   3.2.1. Da constituição do crédito tributário 82
   3.2.2. Do lançamento por homologação 83
   3.2.3. Do lançamento por declaração 85
   3.2.4. Do lançamento de ofício 85
   3.2.5. A constituição definitiva do crédito tributário como
       condição de procedibilidade da ação penal 86
3.3. A dificuldade financeira da empresa como
justificativa do réu 91
3.4. A natureza jurídico-penal do crime de apropriação indébita
previdenciária e o dolo do agente: crime de
omissão material? 97

Conclusão 105

Referências bibliográficas 109

Anexo I – Lei nº 9.983, de 14 de julho de 2000 113

**Anexo II – Acórdão. Supremo Tribunal Federal. Agravo Regimental
em Inquérito Policial 2.537-2 / GO** 119

Apresentação

O autor foi-me apresentado por um grande amigo. Vinha ele de Florianópolis, onde já teria dado os primeiros passos na difícil, fatigante e muitas vezes incompreendida advocacia criminal.

Queria tornar-se um verdadeiro criminalista.

Desde o início, mostrou-se extremamente dedicado, buscando atingir o objetivo principal da profissão: o êxito processual. Logo descobri nele uma verdadeira obstinação na busca de soluções jurídicas, sempre dentro dos princípios mais dignos e elevados do garantismo universal.

Sério, introvertido até, de repente comunicou-me ter sido admitido numa das cátedras de pós-graduação da Faculdade de Direito da PUCRS. Nada surpreendente. O tempo se passou até que me mostrou o diploma de conclusão do curso, e com nota máxima. Nada surpreendente, também.

Surpreendente sim, foi o convite para que apresentasse sua obra, agora em vias de publicação. E, ao ler *O Delito de Apropriação Indébita Previdenciária: Crime de Omissão Material?* mais uma vez me vi surpreso.

Desde a escolha do tema, tão atual quanto contraditório, vi que o autor desafiava, desde o início, o deslinde de um dos temas mais controversos da atualidade.

É que, de Anás a Pilatos, andam os juristas buscando saber a verdadeira natureza jurídica desse tipo penal.

Trata-se de um crime formal ou material? Pois é aí que se nucleia o ponto nodal a dar sentido teleológico, racional e lógico à sentença penal.

Da colocação do magistrado ante as mais variegadas posições, diversas serão, sem dúvida, as conseqüências legais a atingir o réu. Daí o porquê da necessidade do aprofundado estudo a dar rumos novos e definitivos à doutrina e à jurisprudência, seja ela nacional ou alienígena.

O autor se coloca de maneira lúcida ante as teses conturbativas, enfrentando o problema desde a eventual inconstitucionalidade do tipo, que prevê prisão por dívida, até o questionamento da necessidade do exaurimento da via administrativa como condição de procedibilidade. E as dificuldades financeiras criariam uma situação despenalizadora, como força maior, sinalizadora da falta de justa causa, impeditiva do recebimento de uma eventual denúncia?

Tudo isso é abordado com autoridade pelo autor que marca, sem dúvida, uma nova perspectiva para o entendimento legal do tipo penal de apropriação indébita previdenciária.

Sem qualquer contestação, a obra é inovadora, tornando-se leitura obrigatória para todos os operadores do direito.

Cumprimento a Livraria do Advogado pela visão de trazer a lume uma obra de tamanha utilidade ao direito penal pátrio.

Porto Alegre, fevereiro de 2009.

Amadeu de Almeida Weinmann

Introdução

O delito de apropriação indébita previdenciária, previsto no artigo 168-A do Código Penal, foi introduzido no ordenamento jurídico-penal brasileiro, nos termos hoje vigentes, pela Lei nº 9.983, de 14 de julho de 2000. Muito se tem discutido acerca de sua natureza jurídica, ou seja, se constituiria o crime em questão um crime formal ou um crime material.

Nesse contexto, o presente trabalho visa a, basicamente, analisar os principais aspectos concernentes ao delito de apropriação indébita previdenciária, previsto no artigo 168-A do Código Penal, principalmente no que diz respeito a temas polêmicos, dentre os quais a natureza jurídica do mesmo, levando em consideração a novel jurisprudência do Supremo Tribunal Federal, consubstanciada no julgamento do Agravo Regimental em Inquérito Policial nº 2.537-2/GO, em cuja ementa refere ser a apropriação indébita previdenciária crime de omissão material.

Para tanto, proceder-se-á à análise bibliográfica, mormente a doutrina nacional, utilizando-se, eventualmente, a doutrina estrangeira, bem como à análise jurisprudencial.

Nessa senda, em um primeiro momento, far-se-á uma abordagem histórica acerca da evolução legislativa do crime em apreço, desde a sua previsão pelo Decreto-Lei nº 65/1937, até a introdução do artigo 168-A no Código Penal, pela Lei nº 9.983, de 14 de julho de 2000, detalhando a forma como foi prevista a conduta criminosa ao longo da legislação brasileira.

Posteriormente, mister se faz adentrar na análise pormenorizada do tipo penal hoje vigente, analisando-se tanto as condutas descritas no mesmo, quanto os demais aspectos previstos em seus parágrafos, como a extinção da punibilidade e as hipóteses de perdão judicial ou aplicação exclusivamente da pena de multa.

Por fim, serão analisados alguns aspectos polêmicos envolvendo a matéria, quais sejam, a questão da prisão civil por dívida, o prévio exaurimento da via administrativa como condição de procedibilidade da ação penal, a dificuldade da empresa como justificativa apresentada pelo réu e, por último, a natureza jurídica do delito em questão, em razão do novo entendimento do Supremo Tribunal Federal, que considerou não se tratar de crime meramente formal.

No entanto, é importante ressaltar que o presente trabalho não possui o intuito de esgotar a matéria, nem estabelecer conclusões definitivas acerca do tema em questão, mas contribuir para a discussão acerca da natureza jurídica do delito em apreço.

1. Histórico legislativo do Delito de Apropriação Indébita Previdenciária

O delito de apropriação indébita de contribuições previdenciárias, atualmente previsto no artigo 168-A do Código Penal brasileiro, foi introduzido, nos termos hoje vigentes, pela Lei nº 9.983, de 14 de julho de 2000. No entanto, a criminalização do não-recolhimento de contribuições previdenciárias é deveras antiga no ordenamento jurídico brasileiro.

Faz-se necessário, assim, analisar a sua evolução histórica, a fim de se verificar a disciplina conferida ao delito em questão no direito penal brasileiro, desde a sua primitiva tipificação, pelo Decreto-Lei nº 65, de 14 de dezembro de 1937, até a introdução do artigo 168-A no Código Penal, efetivada por meio da Lei nº 9.983/2000, já referida, para somente após passar à análise dos elementos que integram o tipo penal vigente.

1.1. O Decreto-Lei nº 65/1937

O Decreto-Lei nº 65, de 14 de dezembro de 1937, previa como crime, em seu artigo 5º, o fato de o empregador reter contribuições previdenciárias de seus empregados e não repassá-las, na época própria, ao órgão de previdência social. Vejamos a redação do dispositivo supracitado:

> O empregador que retiver as contribuições recolhidas de seus empregados e não as recolher na época própria incorrerá nas penas do art. 331, n. 2, da Consolidação das Leis Penais, sem prejuízo das demais sanções estabelecidas neste Decreto-lei.

O artigo 331, nº 2, da Consolidação das Leis Penais,[1] por sua vez, definia como crime o fato de "apropriar-se de coisa alheia que lhe houver sido confiada, ou consignada por qualquer título, com a obrigação de a restituir, ou fazer dela uso determinado". O delito previa a punição do agente com pena idêntica à do crime de furto, então previsto no art. 330 da Consolidação.[2]

Conforme entendimento de Luiz Régis Prado,

> a Consolidação praticamente manteve a mesma redação do Código Penal de 1890 no tocante ao artigo 331, que, embora estivesse contido no capítulo que disciplinava os crimes de furto, descrevia na realidade o delito de apropriação indébita, que mais tarde tornou-se crime autônomo no Código Penal de 1940.[3]

No entanto, nova definição do crime de apropriação indébita previdenciária foi introduzida no ordenamento

---

[1] Consoante leciona Antônio Lopes Monteiro, a "Consolidação das Leis Penais, de 1932, era uma espécie de Código Penal da época. É que, logo após a promulgação do Código Penal da República, em 1890, inúmeras leis penais foram editadas, pois aquele estatuto, elaborado com demasiada celeridade, deixava muito a desejar. A excessiva quantidade de disposições dificultava a solução dos problemas jurídicos. Foi assim que o desembargador Vicente Piragibe, aos poucos e quase sem muita pretensão, começou um trabalho árduo de consolidação das leis penais, que veio a ser coroado de êxito recebendo o cunho oficial de Decreto nº 22.213, de 14 de dezembro de 1932. Essa Consolidação das Leis Penais vigorou até o atual Código de 1940." (MONTEIRO, Antônio Lopes. *Crimes Contra a Previdência Social*. 2ª ed., São Paulo: Saraiva, 2003, p. 9).

[2] PRADO, Luiz Régis. *Direito Penal Econômico*. São Paulo: Revista dos Tribunais, 2004, p. 488, nota nº 2.

[3] Idem, p. 488.

jurídico brasileiro por ocasião da edição da Lei Orgânica da Previdência Social.

1.2. A Lei Orgânica da Previdência Social – Lei nº 3.807, de 26 de agosto de 1960

A Lei Orgânica da Previdência Social – LOPS, Lei nº 3.807, de 26 de agosto de 1960, incluiu, em seu artigo 86, norma penal incriminadora, nos seguintes termos:

> Art. 86. Será punida com as penas do crime de apropriação indébita a falta de recolhimento, na época própria, das contribuições e de outras quaisquer importâncias devidas às instituições de previdência e arrecadadas dos segurados ou do público.
> Parágrafo único. Para os fins dêste artigo, consideram-se pessoalmente responsáveis o titular da firma individual, os sócios solidários, gerentes, diretores ou administradores das emprêsas incluídas no regime desta lei.

Na esteira do que leciona Luiz Régis Prado, "com o advento da Lei nº 3.807, de 26 de agosto de 1960 (Lei Orgânica da Previdência Social), deu-se maior amplitude ao que *(sic)* hoje se denomina apropriação indébita previdenciária".[4]

Há que se ressaltar, ainda, o magistério de Antônio Lopes Monteiro, para quem foi a partir da Lei Orgânica da Previdência Social,

> marco da unificação da Previdência Social no Brasil, que o Estado se preocupou em incluir nos diplomas previdenciários normas penais incriminadoras, utilizando-se dessa mesma técnica não de todo perfeita, criminalizando condutas em que descreve apenas o preceito primário, remetendo a sanção para outro diploma legal.[5]

---

[4] PRADO, Luiz Régis. *Direito Penal Econômico*. São Paulo: Revista dos Tribunais, 2004, p. 488.
[5] MONTEIRO, Antônio Lopes. *Crimes Contra a Previdência Social*. 2ª ed., São Paulo: Saraiva, 2003, p. 10.

Pouco mais de seis anos após a publicação da Lei Orgânica da Previdência Social, editou-se o Decreto-Lei n° 66, de 21 de novembro de 1966, que alterou diversos dos seus dispositivos.

1.3. O Decreto-Lei n° 66, de 21 de novembro de 1966

O Decreto-Lei n° 66, publicado em 21 de novembro de 1966, alterou diversos dispositivos da Lei Orgânica da Previdência Social, prevendo novo tipo penal de apropriação indébita, por meio da inclusão do artigo 155, inciso II, que teve a seguinte redação:

> Art. 155. Constituem crimes:
> (...)
> II – de apropriação indébita, definido no art. 168 do Código Penal, além dos atos previstos no art. 86, a falta de pagamento do salário-família aos empregados quando as respectivas quotas tiverem sido reembolsadas à empresa pela previdência social.

Conforme se percebe da redação dada pelo Decreto-Lei n° 66 ao artigo 155, inciso II, da Lei Orgânica da Previdência Social, permaneceram tipificadas as condutas descritas no artigo 86 daquela lei ordinária, sendo que aquela constante do novel dispositivo representou nova criminalização de conduta lesiva à Previdência Social.

1.4. A Consolidação das Leis da Previdência Social (Decreto n° 77.077, de 02 de fevereiro de 1976)

O Decreto n° 77.077, publicado em 02 de fevereiro de 1976, objetivou consolidar a legislação concernente à Previdência Social e, por tal motivo, recebeu a denominação de Consolidação das Leis da Previdência Social – CLPS.

Conforme ressalta Luiz Régis Prado, a

> Consolidação das Leis da Previdência Social (...) nada inovou nessa matéria [penal], mantendo os mesmos tipos penais instituídos pelo Decreto-lei 66, que foram inseridos no mencionado diploma legal pelos artigos 149 e 224.[6]

De fato, no que diz respeito à matéria penal, a Consolidação das Leis Previdenciárias nada mais fez que repetir os preceitos já constantes no Decreto-Lei nº 66, anteriormente mencionado, uma vez que "o objetivo proposto por ela era apenas o de consolidar os diversos diplomas legais"[7] até então existentes.

Aliás, diversas foram as críticas oferecidas pela doutrina da época, no que concerne a tais dispositivos legais. Consoante bem explicita Antônio Lopes Monteiro,[8] o "professor Manoel Pedro Pimentel criou uma terminologia própria para esse crime [de apropriação indébita], caracterizando-o como 'apropriação indébita por mera semelhança'".

Ainda, continua o indigitado doutrinador aduzindo que outros autores sustentaram a inconstitucionalidade dos referidos dispositivos, a exemplo de

> Clèmerson Merlin Clève, que num parecer publicado na RT 736/503-31, ao analisar a questão à luz do art. 5º, LXVII, da Constituição de 1988, é de opinião que não pode haver prisão civil por dívida, entendendo, pois, essa conduta como dívida, e não como apropriação indébita por mera semelhança.

Sobreveio a Lei nº 8.137, de 27 de dezembro de 1991, que também tratou da matéria em questão.

---

[6] PRADO, Luiz Régis. *Direito Penal Econômico*. São Paulo: Revista dos Tribunais, 2004, p. 489.
[7] MONTEIRO, Antônio Lopes. *Crimes Contra a Previdência Social*. 2ª ed., São Paulo: Saraiva, 2003, p. 11.
[8] Idem, p. 12.

1.5. A Lei nº 8.137, de 27 de dezembro de 1990

A Lei nº 8.137/1990, que definiu os crimes contra a ordem tributária, econômica e contra as relações de consumo, também tratou do crime de não-recolhimento de contribuições previdenciárias descontadas ou cobradas.

De fato, o artigo 2º, inciso II, do referido diploma legal assim definiu a conduta ilícita acima referida:

> Art. 2º Constitui crime da mesma natureza: (...)
> II – deixar de recolher, no prazo legal, valor de tributo ou de contribuição social, descontado ou cobrado, na qualidade de sujeito passivo de obrigação e que deveria recolher aos cofres públicos.

Conforme visto, o legislador inseriu no mesmo dispositivo legal, redundantemente, os termos "tributo" e "contribuição social", no intuito de fazer incidir a norma sobre a conduta do agente que deixasse de recolher tributo ou contribuição social aos cofres públicos.

No entanto, a redação do dispositivo é pleonástica, eis que o termo "tributo" abrange a contribuição social, sendo esta uma espécie e aquele o gênero. Efetivamente, na esteira do que leciona Hugo de Brito Machado,

> Temos, portanto, em nosso Sistema Tributário, cinco espécies de tributo, a saber: os impostos, as taxas, as contribuições de melhoria, as contribuições sociais e os empréstimos compulsórios.[9]

Nesse mesmo sentido é a afirmação de Heloisa Estellita Salomão, que refere que "os crimes que tivessem por objeto quaisquer tributos e, portanto, aí incluídas as contribuições sociais (gênero no qual se incluem as contribuições previdenciárias), submetiam-se ao tratamento uniforme da Lei 8.137/90".[10]

---

[9] MACHADO, Hugo de Brito. *Curso de Direito Tributário*. 27ª ed., São Paulo: Malheiros, 2006, p. 84.

[10] SALOMÃO, Heloisa Estellita. Crimes Previdenciários: Arts. 168-A e 337-A do CP – Aspectos Gerais. *Revista Brasileira de Ciências Criminais*, nº 36, ano 9, São Paulo: Editora Revista dos Tribunais, out/dez 2001, p. 310.

Após pouco tempo de vigência da referida lei federal, editou-se a Lei Orgânica da Seguridade Social, instituída pela Lei n° 8.212, de 24 de julho de 1991.

1.6. A Lei n° 8.212, de 24 de julho de 1991

Como referido, pouco mais de seis meses após a vigência da Lei n° 8.137/90, entrou em vigor a Lei n° 8.212, de 24 de julho de 1991, que instituiu a Lei Orgânica da Seguridade Social, sendo que, conforme bem explicitado por Luiz Régis Prado, "condutas atentatórias aos interesses da Previdência Social foram tipificadas de maneira desastrosa, merecendo destaque, como antecedentes do delito aqui enfocado, o disposto no artigo 95, alíneas *d*, *e* e *f*".[11]

De fato, o artigo 95 assim dispôs sobre o tema:

Art. 95. Constitui crime:
a) deixar de incluir na folha de pagamentos da empresa os segurados empregado, empresário, trabalhador avulso ou autônomo que lhe prestem serviços;
b) deixar de lançar mensalmente nos títulos próprios da contabilidade da empresa o montante das quantias descontadas dos segurados e o das contribuições da empresa;
c) omitir total ou parcialmente receita ou lucro auferidos, remunerações pagas ou creditadas e demais fatos geradores de contribuições, descumprindo as normas legais pertinentes;
d) deixar de recolher, na época própria, contribuição ou outra importância devida à Seguridade Social e arrecadada dos segurados ou do público;
e) deixar de recolher contribuições devidas à Seguridade Social que tenham integrado custos ou despesas contábeis relativos a produtos ou serviços vendidos;
f) deixar de pagar salário-família, salário-maternidade, auxílio-natalidade ou outro benefício devido a segurado, quando as respectivas quotas e valores já tiverem sido reembolsados à empresa;

---

[11] PRADO, Luiz Régis. *Direito Penal Econômico*. São Paulo: Revista dos Tribunais, 2004, p. 489.

g) inserir ou fazer inserir em folha de pagamentos, pessoa que não possui a qualidade de segurado obrigatório;
h) inserir ou fazer inserir em Carteira de Trabalho e Previdência Social do empregado, ou em documento que deva produzir efeito perante a Seguridade Social, declaração falsa ou diversa da que deveria ser feita;
i) inserir ou fazer inserir em documentos contábeis ou outros relacionados com as obrigações da empresa declaração falsa ou diversa da que deveria constar, bem como omitir elementos exigidos pelas normas legais ou regulamentares específicas;
j) obter ou tentar obter, para si ou para outrem, vantagem ilícita, em prejuízo direto ou indireto da Seguridade Social ou de suas entidades, induzindo ou mantendo alguém em erro, mediante artifício, contrafação, imitação, alteração ardilosa, falsificação ou qualquer outro meio fraudulento.
§ 1º No caso dos crimes caracterizados nas alíneas "d", "e" e "f" deste artigo, a pena será aquela estabelecida no art. 5º da Lei nº 7.492, de 16 de junho de 1986, aplicando-se à espécie as disposições constantes dos arts. 26, 27, 30, 31 e 33 do citado diploma legal.

Conforme facilmente se percebe, as condutas que importam em crimes contra a Seguridade Social são aquelas definidas nas alíneas "d", "e" e "f" do artigo supratranscrito. Ressalte-se que, em seu § 1º, dispôs-se que tais condutas seriam apenadas com a reprimenda prevista no artigo 5º da Lei nº 7.492, de 16 de junho de 1986, qual seja, a lei federal que define os crimes contra o Sistema Financeiro Nacional.[12]

Por outro lado, o artigo citado possuía uma impropriedade técnica grave: as demais disposições legais contidas no artigo 95 do diploma legal em questão não previam a cominação de pena, sendo, portanto, forçoso o reconhecimento de que jamais vigeram.

Essa constatação foi muito bem feita por Antônio Lopes Monteiro, que refere que

---
[12] Lei nº 7.492/1986. Art. 5º (...). Pena – reclusão, de 2 (dois) a 6 (seis) anos, e multa.

(...) à exceção das alíneas *d, e* e *f* do art. 95 da Lei nº 8.212/91, consideradas crimes de apropriação indébita, as demais não previam o preceito secundário ou a *sanctio juris*. Dizer ser crime "*deixar de incluir na folha de pagamentos da empresa os segurados empregado, empresário, trabalhador avulso ou autônomo que lhe prestem serviço*" é apenas o preceito primário da norma penal. Que tipo de crime é este se não tem sanção? Qual a pena a ele cominada? Quais os elementos objetivos e subjetivos do tipo? Contra essa forma incompleta de legislar penalmente é que se revoltavam os autores, obrigando-os a negar-lhes vigência, como Clèmerson, (...) ou a admiti-los como crime por mera semelhança, como o fez Pimentel.[13]

Em verdade, há que se reconhecer que tais condutas descritas nos demais incisos do artigo 95 desta lei sequer configuravam crimes, uma vez que, segundo o artigo 1º da Lei de Introdução ao Código Penal, Decreto-Lei nº 3.914, de 9 de dezembro de 1941, "considera-se crime a infração penal a que a lei comina pena de reclusão ou de detenção, quer isoladamente, quer alternativa ou cumulativamente com a pena de multa".

Tais dispositivos, no entanto, foram completamente revogados pela Lei nº 9.983, de 14 de julho de 2000, que instituiu o crime de apropriação indébita previdenciária, na forma hoje vigente.

1.7. A Lei nº 9.983, de 14 de julho de 2000

Conforme mencionado, a Lei nº 9.983/2000, revogando por completo o artigo 95 da Lei nº 8.212/1991, incluiu, dentre outras disposições, o artigo 168-A no corpo do Código Penal.

A referida norma penal, que recebeu o título, no próprio corpo do código, de "Apropriação Indébita Previdenciária", recebeu a seguinte redação:

---

[13] MONTEIRO, Antônio Lopes. *Crimes Contra a Previdência Social*. 2ª ed., São Paulo: Saraiva, 2003, p. 13-14.

Art. 168-A. Deixar de repassar à previdência social as contribuições recolhidas dos contribuintes, no prazo e forma legal ou convencional:
Pena – reclusão, de 2 (dois) a 5 (cinco) anos, e multa.
§ 1º Nas mesmas penas incorre quem deixar de:
I – recolher, no prazo legal, contribuição ou outra importância destinada à previdência social que tenha sido descontada de pagamento efetuado a segurados, a terceiros ou arrecadada do público;
II – recolher contribuições devidas à previdência social que tenham integrado despesas contábeis ou custos relativos à venda de produtos ou à prestação de serviços;
III – pagar benefício devido a segurado, quando as respectivas cotas ou valores já tiverem sido reembolsados à empresa pela previdência social.
§ 2º É extinta a punibilidade se o agente, espontaneamente, declara, confessa e efetua o pagamento das contribuições, importâncias ou valores e presta as informações devidas à previdência social, na forma definida em lei ou regulamento, antes do início da ação fiscal.
§ 3º É facultado ao juiz deixar de aplicar a pena ou aplicar somente a de multa se o agente for primário e de bons antecedentes, desde que:
I – tenha promovido, após o início da ação fiscal e antes de oferecida a denúncia, o pagamento da contribuição social previdenciária, inclusive acessórios; ou
II – o valor das contribuições devidas, inclusive acessórios, seja igual ou inferior àquele estabelecido pela previdência social, administrativamente, como sendo o mínimo para o ajuizamento de suas execuções fiscais.

Frise-se que, conforme bem salientado por Luiz Régis Prado,

> Esses dispositivos penais [alíneas *d*, *e* e *f* do artigo 95 da Lei nº 8.212/1991], além dos outros tipos contidos na demais alíneas do artigo 95, foram expressamente revogados pela Lei 9.983/2000. Também não subsiste dúvida quanto à derrogação do artigo 2º, inciso II, da Lei nº 8.137/1990, na parte atinente à contribuição social.[14]

A inserção do presente artigo no capítulo que trata dos crimes contra o patrimônio, logo abaixo do artigo 168 do Código Penal, acarretou enorme discussão doutrinária e jurisprudencial acerca da natureza jurídica desse delito.

---

[14] PRADO, Luiz Régis. *Direito Penal Econômico*. São Paulo: Revista dos Tribunais, 2004, p. 489-490.

Alguns doutrinadores[15] sustentam ser ele delito omissivo, motivo pelo qual não se exigiria o dolo específico do agente, sendo que a colocação do tipo penal logo abaixo do artigo 168 do Código Penal brasileiro teria sido um mero equívoco técnico do legislador. Outros[16] sustentam, no entanto, ser o crime de apropriação indébita previdenciária um delito misto, havendo uma conduta omissiva e outra comissiva. Nesse caso, exigir-se-ia, para a configuração do delito, o específico fim de se apropriar de coisa alheia. No entanto, a presente discussão será objeto de análise em tópico específico.

---

[15] Nesse sentido é o entendimento, por exemplo, de José Paulo Baltazar Júnior (BALTAZAR JÚNIOR, José Paulo. *Crimes Federais*. Porto Alegre: Livraria do Advogado, 2006, p. 27) e de Zenildo Bodnar (BODNAR, Zenildo. *Crimes contra a Previdência Social*. Disponível em <http://www.revistadoutrina.trf4.jus.br/index.htm?http://www.revistadoutrina.trf4.jus.br/artigos/edicao019/Zenildo_Bodnar.htm>. Acesso em 13 de setembro de 2008).

[16] A exemplo de Celso Demalto (DELMANTO, Celso *et al. Código Penal Comentado*. 6ª ed., Rio de Janeiro: Renovar, 2004, p. 386).

2. O Delito de Apropriação Indébita Previdenciária: aspectos gerais do tipo penal

Traçada a evolução histórica do delito de apropriação indébita previdenciária, desde o Decreto-Lei n° 65, de 14 de dezembro de 1937, que primeiro definiu o crime em questão, até a edição da Lei n° 9.983, de 14 de julho de 2000, que definiu o presente delito nos moldes hoje vigentes, cumpre passar à análise dos aspectos gerais que integram o tipo penal previsto no artigo 168-A do Código Penal.

Nesse contexto, a fim de se compreender, não apenas a razão de existir do delito, mas também os seus elementos essenciais, primordial se faz, em um primeiro momento, analisar o bem jurídico tutelado pela norma penal em apreço.

2.1. O bem jurídico tutelado

Conforme já referimos, o delito de apropriação indébita previdenciária foi inserido, pelo legislador brasileiro, sob essa denominação, no Título II do Código Penal, que trata especificamente dos crimes contra o patrimônio.

Não obstante, não se pode olvidar que as condutas descritas no *caput* e incisos do artigo 168-A do Código Penal prevêem a punição do sujeito que, em última análise, apropria-se de valores eminentemente públicos, destinados à Seguridade Social.

A Seguridade Social, integrada pela Saúde, pela Previdência Social e pela Assistência Social, vem disciplinada no Título VIII da Constituição Federal, que trata da Ordem Social. O artigo 194 da Carta Magna assim dispõe:

> Art. 194. A seguridade social compreende um conjunto integrado de ações de iniciativa dos Poderes Públicos e da sociedade, destinadas a assegurar os direitos relativos à saúde, à previdência e à assistência social.
> Parágrafo único. Compete ao Poder Público, nos termos da lei, organizar a seguridade social, com base nos seguintes objetivos:
> I – universalidade da cobertura e do atendimento;
> II – uniformidade e equivalência dos benefícios e serviços às populações urbanas e rurais;
> III – seletividade e distributividade na prestação dos benefícios e serviços;
> IV – irredutibilidade do valor dos benefícios;
> V – eqüidade na forma de participação no custeio;
> VI – diversidade da base de financiamento;
> VII – caráter democrático e descentralizado da administração, mediante gestão quadripartite, com participação dos trabalhadores, dos empregadores, dos aposentados e do Governo nos órgãos colegiados.

Já o artigo 195 do diploma constitucional prevê que a seguridade social será financiada por toda a sociedade e disciplina as fontes de custeio, mediante o recolhimento das respectivas contribuições sociais, senão vejamos:

> Art. 195. A seguridade social será financiada por toda a sociedade, de forma direta e indireta, nos termos da lei, mediante recursos provenientes dos orçamentos da União, dos Estados, do Distrito Federal e dos Municípios, e das seguintes contribuições sociais:
> I – do empregador, da empresa e da entidade a ela equiparada na forma da lei, incidentes sobre:
> a) a folha de salários e demais rendimentos do trabalho pagos ou creditados, a qualquer título, à pessoa física que lhe preste serviço, mesmo sem vínculo empregatício;

b) a receita ou o faturamento;
c) o lucro;
II – do trabalhador e dos demais segurados da previdência social, não incidindo contribuição sobre aposentadoria e pensão concedidas pelo regime geral de previdência social de que trata o art. 201;
III – sobre a receita de concursos de prognósticos;
IV – do importador de bens ou serviços do exterior, ou de quem a lei a ele equiparar.

Ainda, é importante frisar que a Lei n° 8.213, de 24 de julho de 1991, que dispõe sobre os planos de benefícios da Previdência Social, em seu artigo 1°, estabelece que

> A Previdência Social, mediante contribuição, tem por fim assegurar aos seus beneficiários meios indispensáveis de manutenção, por motivo de incapacidade, desemprego involuntário, idade avançada, tempo de serviço, encargos familiares e prisão ou morte daqueles de quem dependiam economicamente.

Da conjugação dos dispositivos legais supratranscritos, percebe-se que o sistema de seguridade social se baseia na cooperação de toda a sociedade, mediante o recolhimento de contribuições sociais, dentre as quais a contribuição previdenciária, conforme já explicitado, para o custeio dos meios indispensáveis à manutenção dos beneficiários, em caso de incapacidade, desemprego involuntário, dentre outros.

Na esteira do que leciona Wladimir Novaes Martinez, a Previdência Social

> (...) pode ser concebida como a técnica de proteção social propiciadora dos meios indispensáveis à manutenção da pessoa humana – quando esta não pode obtê-los ou não é socialmente desejável auferi-los pessoalmente por meio do trabalho, por motivo de maternidade, nascimento, incapacidade, invalidez, desemprego, prisão, idade avançada, tempo de contribuição ou morte –, mediante contribuição compulsória distinta, proveniente da sociedade e dos participantes.[17]

Outrossim, a Constituição Federal expressamente prevê, dentre as contribuições sociais, aquela devida pelo

---

[17] MARTINEZ, Wladimir Novaes. *Comentários à Lei Básica da Previdência Social – Tomo II – Plano de Benefícios*. 6ª ed., São Paulo: LTr, 2003, p. 16.

empregador, pela empresa e pela entidade a ela equiparada na forma da lei, incidentes sobre a folha de salários e demais rendimentos do trabalho pagos ou creditados, a qualquer título, à pessoa física que lhe preste serviço, mesmo sem vínculo empregatício, o que, conforme se verá adiante, constitui a principal conduta punível prevista no artigo 168-A do Código Penal.

Traçado o presente panorama, tem-se que o bem jurídico tutelado pelo delito em questão é a própria Seguridade Social, mais especificamente o patrimônio da Previdência Social. Ademais, tratando-se de espécie de tributo, tutela-se, igualmente, a ordem tributária. Nesse sentido, lúcida é a lição do ilustre Juiz Federal José Paulo Baltazar Júnior:

> O objeto jurídico protegido é a seguridade social, ou seja, "o conjunto integrado de ações de iniciativa dos Poderes Públicos e da sociedade, destinadas a assegurar os direitos relativos à saúde, à previdência e à assistência social". Secundariamente, tutela-se, também, a ordem tributária, pois às contribuições sociais – que têm sua natureza tributária discutida – aplicam-se as normas gerais da legislação tributária (CF, arts. 149 e 146, III).[18]

E segue o indigitado autor, aduzindo que, "no caso específico da previdência social, cuida-se de proteger um sistema contributivo, baseado na solidariedade social, mas obrigatório e indisponível para os particulares".[19] Ainda, segundo a jurisprudência do Supremo Tribunal Federal, "o tipo penal tutela a subsistência financeira da previdência social".[20]

Pois bem, tratando-se de proteção penal do patrimônio afeto à Seguridade Social, evidencia-se que o bem jurídico tutelado pelo tipo penal em análise é de caráter supra-individual. Assim, tutela-se, antes de mais nada, o

---

[18] BALTAZAR JÚNIOR, José Paulo. *Crimes Federais*. Porto Alegre: Livraria do Advogado, 2006, p. 21.
[19] Idem, ibidem.
[20] BRASIL. Supremo Tribunal Federal. *Habeas Corpus* nº 76.978 – RS, Segunda Turma, Rel. Min. Maurício Corrêa, julgado em 29.09.1998.

patrimônio público, coletivo, voltando-se, apenas de forma secundária, à proteção da esfera individual.

Essa constatação é muito bem feita por Luiz Flávio Gomes, senão vejamos:

> O bem jurídico protegido no delito de apropriação indébita previdenciária possui natureza patrimonial. Tutela-se o patrimônio, ou melhor, os interesses patrimoniais da previdência social (do INSS, mais precisamente, que é a autarquia que recebe e administra as importâncias recebidas). O bem jurídico, assim, é supraindividual. É o patrimônio coletivo que está tutelado diretamente, não o patrimônio do trabalhador de quem foi feito o desconto. Os delitos previdenciários, em conseqüência, já não podem ser vistos desde a perspectiva individualista. O delito de apropriação indébita previdenciária sempre deve ocasionar, em conseqüência, uma lesão patrimonial, que acaba afetando só secundariamente os interesses dos próprios segurados e a livre concorrência das empresas (a empresa que, podendo, não efetua o recolhimento das contribuições acaba apoderando-se de algo que juridicamente não lhe pertence. Ganha, com isso, maior disponibilidade financeira para seus negócios).[21]

Nesse sentido também é o entendimento de Antônio Lopes Monteiro, para quem "esse novo artigo protege o patrimônio não de uma pessoa ou de algumas pessoas, como nos demais crimes previstos nesse Título, mas o patrimônio de todos os cidadãos que fazem parte do sistema previdenciário".[22]

Ainda, segundo Guilherme de Souza Nucci, "as figuras típicas incriminadoras estabelecidas pela Lei 9.983/2000 têm por finalidade proteger a fonte de custeio da seguridade social, em especial a previdência social".[23]

Nessa senda, o bem jurídico penalmente tutelado pelo tipo descrito no artigo 168-A do Código Penal é a própria

---

[21] GOMES, Luiz Flávio. *Crimes Previdenciários*. São Paulo: Editora Revista dos Tribunais, 2001, p. 27-28.
[22] MONTEIRO, Antônio Lopes. *Crimes Contra a Previdência Social*. 2ª ed., São Paulo: Saraiva, 2003, p. 31.
[23] NUCCI, Guilherme de Souza. *Código Penal Comentado*. 6ª ed., São Paulo: Editora Revista dos Tribunais, 2006, p. 706-707.

Seguridade Social e seu patrimônio, bem como a ordem tributária, sendo, portanto, bem jurídico supra-individual.

2.2. O artigo 168-A do Código Penal e a norma penal em branco[24]

Eduardo Reale Ferrari, citando Manoel Pedro Pimentel, afirma que, numa tentativa de barrar o abuso do poder econômico,

> o fizeram através de leis imperfeitamente redigidas e defeituosamente concebidas que demandavam correções tão logo publicadas. (...) Não raro se constatou que, editada uma lei, tornava-se necessário interpretá-la por meio de outras normas complementares, sobrevindas sob as formas de regulamentos, instruções, avisos e portarias.[25]

Os tipos penais econômicos, de uma forma geral, dentre os quais podemos incluir, sem dúvidas, o crime de apropriação indébita previdenciária, eis que perpetrado, na maioria das vezes, no contexto socioeconômico de uma empresa, caracterizam-se por serem tipos penais abertos, imprecisos, com elementos normativos que, muitas vezes, temos que buscar a sua conceituação em outros ramos do Direito ou até fora dele.

O Direito Penal Econômico apresenta uma gama imensa de normas penais em branco, ou seja, normas abertas, que dependem de complementação, normalmente, por normas de hierarquia inferior às leis, remetendo, assim, à Administração Pública, a definição do que seja lícito e do

---

[24] Ver também em DARIVA, Paulo; MEDEIROS, Eduardo Braga. A (In)Dependência das Esferas Administrativa e Judicial no Delito de Cartel: Reflexos Judiciais da Decisão do CADE. *Revista Magister de Direito Penal e Processual Penal*, vol. 24, Porto Alegre: Editora Magister Ltda., junho/julho 2008, p. 27-42.

[25] PIMENTEL apud FERRARI, Eduardo Reale. *Legislação Penal Antitruste: Direito Penal Econômico e sua Acepção Constitucional.* "in" REALE, Miguel et. al. (coord.), *Experiências do Direito*. Campinas: Millennium, 2004, p. 283.

que seja ilícito, a exemplo dos crimes em que certa conduta, para ser crime, deve estar em desacordo com as normas editadas pelo Banco Central do Brasil – BACEN.

Conforme refere Manuel A. Banto Vásquez,

> Una primera cuestión que se debe dejar en claro, antes de continuar, es la referente al contenido de los tipos penales. Como es conocido, estos tienen "elementos descriptivos" y "elementos normativos". Los "elementos descriptivos" son los que expresan una realidad tangible que puede ser captada por los órganos de nuestros sentidos (...). En cambio, los "elementos normativos" precisan de una valoración del intérprete, es decir, acudir a otras normas penales o extra-penales u otras fuentes para comprender cuándo se está ante dicho elemento.[26]

Da mesma forma, é da lição de Antônio Corrêa que podemos extrair a definição de normais penais em branco:

> Algumas normas são chamadas de "em branco" porque, embora descrito o seu tipo (preceito) na lei penal, é ele incompleto. A descrição de circunstâncias de fato nestes tipos tem de ser completada por outro dispositivo legal, que esteja em vigor no momento da imputação ou que venha a disciplinar os casos futuros para igualmente permitir imputações. (...) Em todo caso, vê-se que a idéia de norma penal em branco não exige seja esta preenchida ou completada por outra lei e admite que seja um regulamento, uma portaria ou mesmo outra lei (...).[27]

Ainda, consoante lecionam os ilustres juristas Eugenio Raúl Zaffaroni e José Henrique Pierangeli, "chamam-se 'leis penais em branco' as que estabelecem uma pena para uma conduta que se encontra individualizada em outra lei (formal ou material)".[28]

Nesse contexto, temos o artigo 168-A do Código Penal, que tipifica o crime de apropriação indébita previdenciária,

---

[26] VÁSQUEZ, Manuel A. Abanto. El Principio de <certeza> en las leyes penales en blanco – Especial referencia a los delitos económicos, *Revista Peruana de Ciencias Penales*, Año V, n° 9, p.17.

[27] CORRÊA, Antonio. *Dos Crimes Contra a Ordem Tributária (Comentários à Lei n. 8.137, de 27-12-1990*, São Paulo: Saraiva, 1996, p. 45.

[28] ZAFFARONI, Eugenio Raúl; PIERANGELI, José Henrique. *Manual de Direito Penal Brasileiro – Parte Geral*. 4ª ed., São Paulo: Editora Revista dos Tribunais, 2002, p. 449.

dispondo, em seu *caput*, que é crime "deixar de repassar à previdência social as contribuições recolhidas dos contribuintes, no prazo e forma legal ou convencional".

Temos, portanto, elementos normativos do tipo, que devem estar presentes para que haja uma adequação típica da conduta, ou seja, para que haja efetivamente o crime de apropriação indébita previdenciária, há que se buscar, na legislação que trata da previdência social, o que vem a consistir o "prazo e forma legal ou convencional".

Assim, por exemplo, no que concerne ao disposto no inciso III do § 1º, do artigo em questão, quando refere ser crime "deixar de (...) pagar benefício devido a segurado, quando as respectivas cotas ou valores já tiverem sido reembolsados à empresa pela previdência social". A definição do que seja "benefício", bem como do elemento normativo "segurado", não são verificados, de imediato, no texto do Código Penal, devendo tais conceituações ser buscadas em outras normas legais.

É fácil perceber que tais elementos não são compreendidos de imediato, ou seja, há a necessidade, para que haja uma adequação típica, de verificação do prazo estabelecido em lei para o devido recolhimento, bem como a forma de proceder ao mesmo. Ainda, mister se faz verificar o que significa "benefício" e quais as suas espécies, bem como quem são efetivamente os "segurados". E após estabelecer essa conceituação é que se vai verificar se o caso concreto subsume-se à norma penal.

2.3. Elementos objetivos do tipo penal

O artigo 168-A do Código Penal foi introduzido, conforme já referido, pela Lei nº 9.983, de 14 de julho de 2000, com a seguinte redação, no que concerne à descrição das condutas delituosas:

Art. 168-A. Deixar de repassar à previdência social as contribuições recolhidas dos contribuintes, no prazo e forma legal ou convencional:
Pena – reclusão, de 2 (dois) a 5 (cinco) anos, e multa.
§ 1º Nas mesmas penas incorre quem deixar de:
I – recolher, no prazo legal, contribuição ou outra importância destinada à previdência social que tenha sido descontada de pagamento efetuado a segurados, a terceiros ou arrecadada do público;
II – recolher contribuições devidas à previdência social que tenham integrado despesas contábeis ou custos relativos à venda de produtos ou à prestação de serviços;
III – pagar benefício devido a segurado, quando as respectivas cotas ou valores já tiverem sido reembolsados à empresa pela previdência social.

Consoante se percebe da simples leitura do artigo, a norma prevê quatro condutas que, se perpetradas, configuram o delito previsto no citado artigo, sendo que todas as condutas são denominadas, igualmente, de apropriação indébita previdenciária.

Cumpre, então, analisar cada uma das condutas típicas, verificando-se quais são os elementos objetivos do tipo e quais as suas características essenciais. No entanto, mister se faz, primeiramente, estabelecer que tipo de conduta envolve o tipo penal em questão.

2.3.1. *A conduta prevista no tipo penal*

No que diz respeito à conduta prevista pelo tipo penal de apropriação indébita previdenciária, a doutrina não é pacífica. Para alguns, tratar-se-ia de crime omissivo próprio, enquanto outra parcela da doutrina entende que a conduta seria mista.

Consoante leciona Antônio Lopes Monteiro,

No novo tipo previsto – art. 168-A –, o legislador empregou como núcleo do tipo os verbos "deixar de repassar", o que *prima facie* nos mostra um tipo penal omissivo próprio e formal, ao contrário da figura tradicional do crime de apropriação indébita, que é comissivo e material.[29]

---
[29] MONTEIRO, Antônio Lopes. *Crimes Contra a Previdência Social*. 2ª ed., São Paulo: Saraiva, 2003, p. 32.

E conclui, referindo que, "em suma, trata-se de um crime omissivo puro e formal, sendo o núcleo do tipo *deixar de recolher*".[30]

José Paulo Baltazar Júnior refere que

> Segundo a jurisprudência dominante, cuida-se de crime omissivo próprio (...) e formal, ou seja, independe de um resultado naturalístico para sua consumação (...). De acordo com esse entendimento, o crime seria omissivo próprio, ou de pura omissão, ou de simples omissão, assim entendido aquele "que consiste em omitir um fato que a lei ordena" (...), "independentemente de um resultado anterior" (...).[31]

Em contraposição a esse entendimento, há aqueles que sustentam ser o delito em questão um crime misto, ou seja, exigir-se-ia a prática de uma conduta comissiva e de uma conduta omissiva.

Na esteira do que ensina Jefferson Aparecido Dias,

> Para essa corrente da doutrina, em que pese o núcleo do tipo estabelecer uma conduta omissiva, qual seja a omissão do responsável tributário no recolhimento das contribuições sociais para a Previdência Social, o crime de apropriação indébita previdenciária se configura desde que o agente tenha descontado as contribuições sociais dos segurados. Assim, a configuração do crime em tela somente se daria com a junção de duas condutas: uma conduta comissiva (descontar as contribuições sociais dos segurados) e outra omissiva (deixar de recolher as contribuições sociais descontadas à Previdência Social). Daí a sua natureza mista.[32]

Ainda, consoante leciona Luiz Flávio Gomes,

> Na apropriação indébita previdenciária em primeiro lugar temos um comportamento *ativo* (comissivo), atípico (porque realizado sem dolo), que consiste em "recolher as contribuições dos contribuintes" ou "descontar a contribuição de pagamento efetuado" ou "inseri-la nas des-

---

[30] MONTEIRO, Antônio Lopes. *Crimes Contra a Previdência Social*. 2ª ed., São Paulo: Saraiva, 2003, p. 34

[31] BALTAZAR JÚNIOR, José Paulo. *Crimes Federais*. Porto Alegre: Livraria do Advogado, 2006, p. 27.

[32] DIAS, Jefferson Aparecido. *Crime de Apropriação Indébita Previdenciária*. 2ª ed., Curitiba: Juruá, 2008, p. 47.

pesas contábeis ou custos" ou "receber o reembolso da previdência social". Depois advém um comportamento *omissivo*: *deixar de repassar* ou *deixar de recolher* ou *deixar de pagar*. Ação no princípio e omissão no momento sucessivo: tipos de conduta mista.[33]

E prossegue o referido autor, sustentando que se trataria, em verdade, de um crime comissivo de conduta mista, e não crime omissivo, uma vez que

> (...) a norma principal (e final) não *impositiva* (ou *mandamental*) de uma conduta para salvar o bem jurídico protegido (patrimônio público ou coletivo da previdência). Pelo contrário, ela visa a *proibir* a atividade de se apropriar indevidamente de valores que devem ser transferidos para a previdência social ou para o segurado. É uma *norma proibitiva, não mandamental*, leia-se: *é proibido apropriar-se indevidamente* (do que não lhe pertence etc.).[34]

No entanto, entendemos ser o crime omissivo, porém misto, e não-comissivo. Trata-se, em verdade, de tipo penal que descreve uma conduta que o sujeito deve levar a efeito, como, por exemplo, repassar a contribuição recolhida para a previdência social, ou pagar ao segurado o benefício, cujo valor já tenha sido repassado à empresa.

De fato, segundo Eugenio Raúl Zaffaroni e José Henrique Pierangeli, "os tipos penais omissivos o fazem descrevendo a conduta devida e resultando, portanto, proibida qualquer outra conduta que dela se afaste".[35]

Ora, o crime de apropriação indébita previdenciária descreve a conduta devida, precedida pelo verbo "deixar de", o que demonstra tratar-se de crime omissivo, em que todas as condutas contrárias àquela ali definida são ilícitas.

---

[33] GOMES, Luiz Flávio. *Crimes Previdenciários*. São Paulo: Revista dos Tribunais, 2001, p. 33.
[34] Idem, ibidem.
[35] ZAFFARONI, Eugenio Raúl; PIERANGELI, José Henrique. *Manual de Direito Penal Brasileiro – Parte Geral*. 4ª ed., São Paulo: Revista dos Tribunais, 2002, p. 537.

Não obstante, entendemos ser a conduta mista, uma vez que a configuração do tipo penal pressupõe uma conduta comissiva, consistente em descontar do pagamento efetuado a segurados ou o efetivo recolhimento das contribuições dos contribuintes, por exemplo, e a posterior omissão em deixar de repassar os valores à Previdência Social.

2.3.2. O "caput" do artigo 168-A do Código Penal

Traçadas as características da conduta que integra o tipo penal de apropriação indébita previdenciária, passamos à análise de cada uma das condutas típicas previstas, verificando-se quais são os elementos objetivos do tipo e quais as suas características essenciais, a iniciar-se pelo *caput* do dispositivo.

O *caput* do artigo 168-A do Código Penal afirma ser crime "deixar de repassar à previdência social as contribuições recolhidas dos contribuintes, no prazo e forma legal ou convencional", prevendo a pena privativa de liberdade, para o agente que o cometer, de dois a cinco anos de reclusão, e multa.

Da leitura do dispositivo, percebemos que o núcleo do tipo é a locução verbal "deixar de repassar", exprimindo uma conduta omissiva. No entanto, consoante já bem explicitado anteriormente, trata-se de conduta mista, eis que o próprio dispositivo refere-se, expressamente, ao não repasse de "contribuições recolhidas dos contribuintes".

Portanto, é necessário que se faça presente o efetivo recolhimento das contribuições, com a posterior omissão no repasse à Previdência Social, para que esteja configurado o crime em questão.

Luiz Régis Prado afirma que

> Na primeira conduta, o núcleo do tipo está consubstanciado pela locução verbal "deixar de repassar" que, no sentido do texto, expressa o ato de omitir, de abster-se de transferir determinado valor a outrem, de

forma que o agente se omite no dever de efetuar o repasse ao INSS das contribuições recolhidas dos contribuintes.[36]

O dispositivo apresenta elementos normativos, que remetem a sua conceituação e seu complemento a outras normas integrantes do ordenamento jurídico, constituindo, assim, conforme já referido, norma penal em branco.

É o caso do termo "Previdência Social", que não vem definido ou conceituado no próprio tipo legal, sendo necessário que se busque o seu significado, tanto na lei infraconstitucional, quanto na Constituição Federal.

Já tivemos a oportunidade de salientar, quando tratamos do bem jurídico penalmente protegido pelo tipo penal em questão, que a Previdência Social

> (...) pode ser concebida como a técnica de proteção social propiciadora dos meios indispensáveis à manutenção da pessoa humana – quando esta não pode obtê-los ou não é socialmente desejável auferi-los pessoalmente por meio do trabalho, por motivo de maternidade, nascimento, incapacidade, invalidez, desemprego, prisão, idade avançada, tempo de contribuição ou morte –, mediante contribuição compulsória distinta, proveniente da sociedade e dos participantes.[37]

Ressalte-se, ainda, a lição de Luiz Régis Prado:

> A expressão *previdência social* constitui elemento normativo do tipo de valoração jurídica (Direito da Seguridade Social) e representa o segmento da Seguridade Social "composto de um conjunto de princípios, de regras e de instituições destinado a estabelecer um sistema de proteção social, mediante contribuição, que tem por objeto proporcionar meios indispensáveis de subsistência ao segurado e a sua família, quando ocorrer certa contingência prevista em lei".[38]

---

[36] PRADO, Luiz Régis. Acerca do tipo de injusto de apropriação indébita previdenciária. *Ensaios Penais em homenagem ao Professor Alberto Rufino Rodrigues de Souza*. Org. Ney Fayet Júnior, Porto Alegre: Ricardo Lenz, 2003, p. 527.

[37] MARTINEZ, Wladimir Novaes. *Comentários à Lei Básica da Previdência Social – Tomo II – Plano de Benefícios*. 6ª ed., São Paulo: LTr, 2003, p. 16.

[38] PRADO, Luiz Régis. Acerca do tipo de injusto de apropriação indébita previdenciária. *Ensaios Penais em homenagem ao Professor Alberto Rufino*

Da mesma forma, os termos "contribuições" e "contribuintes" também são elementos normativos que demandam definição pela norma extrapenal.

Nesse contexto, Luiz Régis Prado refere que

> As *contribuições* aludidas no texto também constituem elementos normativos do tipo de valoração jurídica (Direito da Seguridade Social),assim como o termo *contribuintes*, que integra tanto esse ramo do Direito como o Direito Tributário. Saliente-se que as contribuições referidas no tipo referem-se tão-somente àquelas destinadas ao custeio da Seguridade Social, sendo contribuintes aqueles erigidos pela legislação previdenciária como responsáveis tributários (contribuintes de direito).[39]

As contribuições previstas no tipo penal são, portanto, aquelas destinadas ao custeio da Seguridade Social, mais especificamente a Previdência Social, conforme disciplinadas na Lei nº 8.212, de 24 de julho de 1991. Quanto ao contribuinte ou responsável tributário, no que diz respeito ao dispositivo ora em análise, é o agente de instituição financeira ou outro estabelecimento autorizado que, recebendo as contribuições sociais, não as recolhe aos cofres públicos. É, portanto, o sujeito ativo do delito em apreço.

Ademais, o *caput* do artigo 168-A do Código Penal exige que a omissão no repasse das contribuições recolhidas dos contribuintes à Previdência Social se dê fora do "prazo e forma legal ou convencional". Eis outro elemento normativo presente no tipo penal, que necessita de complementação.

O artigo 60 da Lei nº 8.212/1991, dispõe que a

> (...) arrecadação da receita prevista nas alíneas "a", "b" e "c" do parágrafo único do art. 11, e o pagamento dos benefícios da Seguridade Social serão realizados através da rede bancária ou por outras formas, nos termos e condições aprovados pelo Conselho Nacional de Seguridade Social.

Rodrigues de Souza. Org. Ney Fayet Júnior, Porto Alegre: Ricardo Lenz, 2003, p. 527.

[39] PRADO, Luiz Régis. Acerca do tipo de injusto de apropriação indébita previdenciária. *Ensaios Penais em homenagem ao Professor Alberto Rufino Rodrigues de Souza*. Org. Ney Fayet Júnior, Porto Alegre: Ricardo Lenz, 2003, p. 528.

Nesse contexto, Heloisa Estellita Salomão refere que

> A figura do *caput* parece destinar-se, porém, às instituições financeiras que recebem as quantias recolhidas dos contribuintes, conforme exige o tipo e de acordo com o disposto no art. 60, caput, da Lei 8.212/91, que autoriza a arrecadação das contribuições através da rede bancária.[40]

Especificamente, ao que diz respeito ao prazo estabelecido no *caput* do dispositivo legal em questão, elucida Wellington Cláudio Pinho de Castro que,

> Normalmente, as contribuições destinadas ao custeio da previdência são recolhidas nas instituições bancárias (Lei 8.212/91, art. 60) que, por força de convênios celebrados com o INSS, dispõe de prazo para repassarem os valores aos cofres da previdência. Daí, a alusão do dispositivo ao prazo convencional.[41]

Não obstante, é da lição do jurista José Paulo Baltazar Júnior que podemos perceber que a "modalidade prevista no *caput* da lei atual, ao contrário do que parece em uma primeira e apressada leitura, não é mais comum, do empregador que deixa de recolher as contribuições descontadas dos empregados".[42]

De fato, consoante leciona Heloisa Estellita Salomão,

> Talvez seja possível entrever, no *caput*, uma incriminação envolvendo as instituições bancárias, onde são depositadas as quantias devidas à Previdência Social e que, num segundo momento, deverão ser *repassadas* pela instituição ao INSS.[43]

---

[40] SALOMÃO, Heloisa Estellita. Crimes Previdenciários: Arts. 168-A e 337-A do CP – Aspectos gerais. *Revista Brasileira de Ciências Criminais*, nº 36, ano 9, São Paulo: Editora Revista dos Tribunais, outubro-dezembro de 2001, p. 323.

[41] CASTRO, Wellington Cláudio Pinho de. Apropriação Indébita Previdenciária. *Revista da Associação dos Juízes Federais do Brasil – AJUFE* nº 63, ano 19, Brasília: AJUFE, jan/jun 2001, p. 304.

[42] BALTAZAR JÚNIOR, José Paulo. *Crimes Federais*. Porto Alegre: Livraria do Advogado, 2006, p. 27.

[43] SALOMÃO, Heloisa Estellita. "Novos Crimes Previdenciários" – Lei nº 9.983, de 14 de julho de 2000: Primeiras Impressões. *Revista Dialética de Direito Tributário*, nº 64, São Paulo, janeiro 2001, p. 73-74.

Não é diferente a constatação de Luiz Régis Prado, o qual, tratando do *caput* do artigo 168-A do Código Penal, aduz que,

> Em face da expressão normativa empregada pelo legislador, a conduta incriminada restringe-se àquela praticada por agentes ligados à rede bancária ou a quaisquer outros estabelecimentos autorizados a receberem as contribuições examinadas que deixam de repassar os valores destinados à Previdência Social, no prazo estabelecido em lei ou por convênio celebrado entre o INSS e tais estabelecimentos.[44]

Portanto, a conduta prevista no *caput* do tipo penal refere-se, basicamente, ao delito eventualmente cometido por agentes de instituição financeira ou de outro estabelecimento devidamente autorizado a receber as contribuições, que, tendo efetivamente as recebido, deixem de repassá-las ao órgão previdenciário no prazo devido.

2.3.3. O § 1º, inciso I, do artigo 168-A do Código Penal

Traçadas as características da conduta prevista no *caput* do artigo ora sob apreço, impõe-se a análise do § 1º, que prevê outras três hipóteses para a configuração do delito em questão.

Consoante bem elucidado por José Paulo Baltazar Júnior, a "modalidade mais corriqueira, que substituiu a alínea *d* do art. 95 da Lei nº 8.212/91 é aquela do inciso I do § 1º do art. 168-A, ora introduzido".[45]

De fato, o referido dispositivo legal considera crime a conduta do agente que "deixar de (...) recolher, no prazo legal, contribuição ou outra importância destinada à previdência social que tenha sido descontada de pagamento efetuado a segurados, a terceiros ou arrecadada do públi-

---

[44] PRADO, Luiz Régis. *Direito Penal Econômico*. São Paulo: Revista dos Tribunais, 2004, p. 497.
[45] BALTAZAR JÚNIOR, José Paulo. *Crimes Federais*. Porto Alegre: Livraria do Advogado, 2006, p. 27.

co", prevendo a aplicação, ao eventual infrator, da mesma pena privativa de liberdade destinada ao *caput* do artigo, ou seja, a pena de reclusão de dois a cinco anos e multa.

Difere, portanto, substancialmente, daquela conduta prevista no *caput* do artigo, eis que, conforme visto, aquela norma objetiva, basicamente, a punição do sujeito que, exercendo função em instituição financeira ou em outro estabelecimento devidamente autorizado a receber contribuições sociais, tendo efetivamente as recebido, deixa de repassá-las aos cofres públicos da Previdência Social.

Veja-se que a conduta ora sob análise é de maior abrangência. Segundo Heloisa Estellita Salomão,

> Segundo a lei de regência, a empresa é obrigada a "arrecadar as contribuições dos segurados empregados e trabalhadores avulsos a seu serviço, descontando-as da respectiva remuneração" (art. 30, *a*, da Lei nº 8.212/91) e a "recolher o produto arrecadado na forma da alínea anterior" (art. 30, *b*, da Lei nº 8.212/91).[46]

E continua a doutrinadora, referindo que

> Neste § 1º, I, o autor do delito é a "empresa" (ainda que instituição bancária, mas na condição de empregadora, e, portanto, de sujeito passivo de uma relação tributária) que, em perfeita consonância com o disposto no art. 30, *a* e *b*, da Lei nº 8.212/91, é a responsável pelo desconto e recolhimento das contribuições devidas pelos segurados empregados e trabalhadores avulsos.[47]

De fato, o artigo 30 da Lei nº 8.212/91 estabelece as hipóteses em que há dever de arrecadação das contribuições sociais, pelo responsável tributário, e de posterior recolhimento à Previdência Social, senão vejamos:

> Art. 30. A arrecadação e o recolhimento das contribuições ou de outras importâncias devidas à Seguridade Social obedecem às seguintes normas:

---

[46] SALOMÃO, Heloisa Estellita. Crimes Previdenciários: Arts. 168-A e 337-A do CP – Aspectos gerais. *Revista Brasileira de Ciências Criminais*, nº 36, ano 9, São Paulo: Editora Revista dos Tribunais, outubro-dezembro de 2001, p. 324.
[47] Idem ibidem, p. 324.

I – a empresa é obrigada a:
a) arrecadar as contribuições dos segurados empregados e trabalhadores avulsos a seu serviço, descontando-as da respectiva remuneração;
b) recolher o produto arrecadado na forma da alínea *a* deste inciso, a contribuição a que se refere o inciso IV do *caput* do art. 22 desta Lei, assim como as contribuições a seu cargo incidentes sobre as remunerações pagas, devidas ou creditadas, a qualquer título, aos segurados empregados, trabalhadores avulsos e contribuintes individuais a seu serviço até o dia 10 (dez) do mês seguinte ao da competência;
(...)
V – o empregador doméstico está obrigado a arrecadar a contribuição do segurado empregado a seu serviço e a recolhê-la, assim como a parcela a seu cargo, no prazo referido no inciso II deste artigo;
VI – o proprietário, o incorporador definido na Lei nº 4.591, de 16 de dezembro de 1964, o dono da obra ou condômino da unidade imobiliária, qualquer que seja a forma de contratação da construção, reforma ou acréscimo, são solidários com o construtor, e estes com a subempreiteira, pelo cumprimento das obrigações para com a Seguridade Social, ressalvado o seu direito regressivo contra o executor ou contratante da obra e admitida a retenção de importância a este devida para garantia do cumprimento dessas obrigações, não se aplicando, em qualquer hipótese, o benefício de ordem.

Percebe-se, assim, que a situação fática do presente inciso difere essencialmente da figura prevista no *caput*. No caso em apreço, prevê-se a conduta do empregador, pessoa física ou jurídica, que, tendo descontado valores a título de contribuição previdenciária do pagamento de empregado ou de trabalhador avulso, deixa de repassá-las ao órgão previdenciário, no prazo legal.

Ainda, segundo lição de Jefferson Aparecido Dias, a

(...) conduta criminosa consiste na omissão do responsável tributário que, tendo arrecadado as contribuições sociais dos contribuintes, não as recolhe aos cofres da Previdência Social.[48]

Aqui novamente se exige, para que haja a perfectibilização do delito, que os valores referentes às contribuições

---

[48] DIAS, Jefferson Aparecido. *Crime de Apropriação Indébita Previdenciária*. 2ª ed., Curitiba: Juruá, 2008, p. 45.

sociais tenham sido efetivamente descontados. Nesse sentido é o entendimento de Luiz Flávio Gomes, senão vejamos:

> A posse ou detenção da coisa, que é antecedente lógico e indispensável do delito de apropriação, está presente no tipo legal: "... contribuição... que tenha sido descontada de pagamento efetuado a segurados, a terceiros ou arrecadada do público". Sem a posse precedente, isto é, sem ter havido "desconto" anterior, não há que se falar no delito de apropriação.[49]

Não obstante, o dispositivo legal em questão contém diversos elementos normativos, que necessitam, da mesma forma que o *caput* do artigo, de complementação. É o caso dos termos ou expressões "no prazo legal", "contribuição", "outra importância", "previdência social", "segurados", "terceiros" e "arrecadada do público".

As expressões "contribuição" e "previdência social" já foram objeto de análise quando tratamos da conduta delituosa prevista no *caput* do artigo 168-A do Código Penal, motivo pelo qual remetemos a sua conceituação àquele tópico.

Resta-nos, então, definir os demais termos constantes no § 1º, inciso I, do artigo em apreço, quais sejam, as expressões "no prazo legal", "outra importância", "segurados", "terceiros" e "arrecadada do público".

O prazo legal para recolhimento das contribuições vem disciplinado no artigo 30 da Lei nº 8.212/1991, a exemplo do inciso I, alínea *b*, que dispõe que a empresa deve recolher o produto arrecadado, conforme disciplinado na alínea *a* do mesmo inciso, a contribuição a que se refere o inciso IV do *caput* do art. 22 da referida Lei Federal,[50]

---

[49] GOMES, Luiz Flávio. *Crimes Previdenciários*. São Paulo: Revista dos Tribunais, 2001, p. 37.

[50] Art. 22. A contribuição a cargo da empresa, destinada à Seguridade Social, além do disposto no art. 23, é de: (...) IV – quinze por cento sobre o valor bruto da nota fiscal ou fatura de prestação de serviços, relativamente a serviços que lhe são prestados por cooperados por intermédio de cooperativas de trabalho.

assim como as contribuições a seu cargo, incidentes sobre as remunerações pagas, devidas ou creditadas, a qualquer título, aos segurados empregados, trabalhadores avulsos e contribuintes individuais a seu serviço até o dia dez do mês seguinte ao da competência.

No que concerne às demais expressões, estas são muito bem definidas por Luiz Régis Prado, em sua obra *Direito Penal Econômico*, senão vejamos:

> *Outra importância*, no sentido do texto, é expressão que deve ser buscada entre aquelas constantes do artigo 27 da Lei 8.212/1991 e que se limita aos descontos extraídos do pagamento efetuado a segurados, terceiros ou arrecadados do público, como o desconto parcelado de benefício pago indevidamente pelo INSS a segurado-empregado, quando a empresa, por determinação do órgão previdenciário, efetua a dedução do salário, mas não recolhe a importância aos cofres da aludida autarquia.
>
> *Segurados*, para o tipo penal em exame, são os empregados que prestam serviços de natureza urbana ou rural à empresa, observando-se que a pessoa jurídica não é segurada, mas apenas contribuinte.
>
> *Terceiros* são as empresas ou cooperativas que exercem atividade econômica a serviço do responsável tributário, sujeita à dedução da contribuição social, como as empresas cedentes de mão-de-obra, cooperativas etc.
>
> *Arrecadada do público* significa a contribuição oriunda dos concursos de prognósticos e também aquela incidente sobre a receita bruta decorrente da realização de espetáculos desportivos.[51]

Efetivamente, o artigo 27 da Lei n° 8.212/91 refere quais são as outras receitas da Seguridade Social:

> Art. 27. Constituem outras receitas da Seguridade Social:
> I – as multas, a atualização monetária e os juros moratórios;
> II – a remuneração recebida por serviços de arrecadação, fiscalização e cobrança prestados a terceiros;
> III – as receitas provenientes de prestação de outros serviços e de fornecimento ou arrendamento de bens;
> IV – as demais receitas patrimoniais, industriais e financeiras;
> V – as doações, legados, subvenções e outras receitas eventuais;

---

[51] PRADO, Luiz Régis. *Direito Penal Econômico*. São Paulo: Revista dos Tribunais, 2004, p. 499.

VI – 50% (cinqüenta por cento) dos valores obtidos e aplicados na forma do parágrafo único do art. 243 da Constituição Federal;
VII – 40% (quarenta por cento) do resultado dos leilões dos bens apreendidos pelo Departamento da Receita Federal;
VIII – outras receitas previstas em legislação específica.
Parágrafo único. As companhias seguradoras que mantêm o seguro obrigatório de danos pessoais causados por veículos automotores de vias terrestres, de que trata a Lei nº 6.194, de dezembro de 1974, deverão repassar à Seguridade Social 50% (cinqüenta por cento) do valor total do prêmio recolhido e destinado ao Sistema Único de Saúde-SUS, para custeio da assistência médico-hospitalar dos segurados vitimados em acidentes de trânsito.

Ainda, continua o referido doutrinador, aduzindo que, no que diz respeito à expressão "outra importância", há que se ressaltar o disposto no artigo 91 da citada lei.[52] Vejamos a sua redação:

Art. 91. Mediante requisição da Seguridade Social, a empresa é obrigada a descontar, da remuneração paga aos segurados a seu serviço, a importância proveniente de dívida ou responsabilidade por eles contraída junto à Seguridade Social, relativa a benefícios pagos indevidamente.

Portanto, constitui hipótese de cometimento do delito de apropriação indébita previdenciária, prevista no artigo 168-A, § 1º, inciso I, do Código Penal, o fato de a empresa descontar da remuneração aos segurados a seu serviço, a importância proveniente de dívida ou responsabilidade por eles contraída junto à Seguridade Social, relativa a benefícios pagos indevidamente, e deixar de repassá-los aos cofres públicos. É, portanto, hipótese que se subsume à expressão "outra importância", contida no dispositivo legal.

Não obstante, o disposto no artigo 22, inciso IV, da Lei nº 8.212/1991, constitui exemplo do que representa contribuição descontada de terceiros:[53]

---

[52] PRADO, Luiz Régis. *Direito Penal Econômico*. São Paulo: Revista dos Tribunais, 2004, p. 499, nota 30.
[53] Outro exemplo é o contido no artigo 31 da mesma lei.

Art. 22. A contribuição a cargo da empresa, destinada à Seguridade Social, além do disposto no art. 23, é de:
(...)
IV – quinze por cento sobre o valor bruto da nota fiscal ou fatura de prestação de serviços, relativamente a serviços que lhe são prestados por cooperados por intermédio de cooperativas de trabalho.

Quanto às hipóteses de contribuições arrecadadas do público, conforme bem elucidado por Luiz Régis Prado,[54] mister se faz ressaltar o que dispõem os §§ 7º e 8º do artigo 22, bem como o artigo 26, todos da Lei nº 8.212/1991:

Art. 22 (...)
§ 7º Caberá à entidade promotora do espetáculo a responsabilidade de efetuar o desconto de cinco por cento da receita bruta decorrente dos espetáculos desportivos e o respectivo recolhimento ao Instituto Nacional do Seguro Social, no prazo de até dois dias úteis após a realização do evento.
§ 8º Caberá à associação desportiva que mantém equipe de futebol profissional informar à entidade promotora do espetáculo desportivo todas as receitas auferidas no evento, discriminando-as detalhadamente.
(...)
Art. 26. Constitui receita da Seguridade Social a renda líquida dos concursos de prognósticos, excetuando-se os valores destinados ao Programa de Crédito Educativo.

Já referimos que a conduta prevista no inciso I do § 1º difere, substancialmente, daquela conduta prevista no *caput* do artigo, eis que esta norma objetiva, basicamente, a punição do sujeito que, exercendo função em instituição financeira ou em outro estabelecimento devidamente autorizado a receber contribuições sociais, tendo efetivamente as recebido, deixa de repassá-las aos cofres públicos da Previdência Social, enquanto a norma do inciso I, ora em apreço, refere-se à empresa que, descontando as contribuições de seus empregados ou prestadores de serviço, não as repassa ao órgão previdenciário.

---
[54] PRADO, Luiz Régis. *Direito Penal Econômico*. São Paulo: Revista dos Tribunais, 2004, p. 499, nota 32.

Lúcida é, no entanto, a constatação de Heloisa Estellita Salomão, no que concerne à diferenciação entre as hipóteses previstas no *caput* e no inciso I do § 1º do artigo em questão, em razão da inclusão, neste último, da expressão "arrecadadas do público":

> A diferenciação perde, porém, sua força quando nos atentamos para o período final do § 1º, I, que acrescenta: "e arrecadadas do público"; o que permite, perfeitamente, afirmar que a incriminação se volta, aqui também, contra as instituições bancárias enquanto órgãos competentes para o recebimento dos pagamentos feitos ao INSS, não, todavia, o contrário: que a conduta prevista no § 1º, I, possa encontrar guarida naquela prevista no *caput*.[55]

Assim, expostas as características objetivas do inciso I do § 1º do artigo 168-A do Código Penal, necessário se faz passar à análise da conduta delituosa prevista do inciso II do mesmo parágrafo.

2.3.4. O § 1º, inciso II, do artigo 168-A do Código Penal

O presente dispositivo dispõe que incorrerá nas mesmas penas previstas no *caput* do artigo 168-A do Código Penal, qual seja, pena de reclusão de dois a cinco anos e multa, quem "deixar de (...) recolher contribuições devidas à previdência social que tenham integrado despesas contábeis ou custos relativos à venda de produtos ou à prestação de serviços".

Conforme se percebe da redação do dispositivo em questão, há a presença de elementos normativos que devem ser conceituados, com base na legislação extrapenal.

---

[55] SALOMÃO, Heloisa Estellita. Crimes Previdenciários: Arts. 168-A e 337-A do CP – Aspectos gerais. *Revista Brasileira de Ciências Criminais*, nº 36, ano 9, São Paulo: Editora Revista dos Tribunais, outubro-dezembro de 2001, p. 324.

Já tivemos a oportunidade, no entanto, de definir os termos "contribuições" e "previdência social".[56]

Por outro lado, necessário se faz estabelecer em que consiste a parte final do dispositivo em questão, consubstanciada na oração "que tenham integrado despesas contábeis ou custos relativos à venda de produtos ou à prestação de serviços".

Nesse contexto, Guilherme de Souza Nucci, citando Odonel Urbano Gonçales, ressalta que despesas contábeis ou custos relativos à venda de produtos ou à prestação de serviços significa

> (...) a apropriação de despesas para cálculo da fixação do preço da mercadoria. Noutras palavras, a contribuição devida pelo empregador (20% sobre a folha de remuneração, acrescidos do percentual relativo ao seguro acidente de trabalho) é levada em consideração no cálculo para a fixação de preço do produto, uma vez que se constitui em despesa operacional. O não recolhimento dessa contribuição, devida pelo empregador, desde que tenha integrado os custos (o que em regra ocorre), constitui o procedimento delituoso previsto na letra *e* do artigo focalizado.[57] [58]

No mesmo sentido é o magistério de Luiz Flávio Gomes, para quem

> Já não se trata, agora, de deixar de recolher aquilo que se descontou de outras pessoas, senão de deixar de recolher o que "tenha integrado despesas contábeis ou custos relativos à venda de produtos ou à prestação de serviços". A *ratio legis* é a seguinte: no preço final do produto ou do serviço já está embutido (ou poderia estar) o valor das contribui-

---

[56] Ver item 2.3.2, quando tratamos do *caput* do artigo 168-A do Código Penal.

[57] GONÇALES, Odonel Urbano *apud* NUCCI, Guilherme de Souza. *Código Penal Comentado*. 6ª ed., São Paulo: Editora Revista dos Tribunais, 2006, p. 712.

[58] Ressalte-se que, conforme já referimos anteriormente, a figura típica prevista no inciso II do § 1º do artigo 168-A do Código Penal restabeleceu a redação da revogada alínea *e* do artigo 95 da Lei nº 8.212, de 24 de julho de 1991, com aprimoramento técnico.

ções devidas. Sendo assim, se são contabilizadas e depois não são repassadas para o INSS, há a apropriação desse "custo".[59]

Ainda, quanto aos elementos normativos do tipo, importante ressaltar o que o citado autor assinala:

> Vários são os requisitos normativos do tipo: "contribuições devidas à previdência social" (v. Lei 8.212/91, art. 11); que tenham "integrado despesas contábeis ou custos" (refere-se à contabilidade da empresa ou ao sistema de registros de dados da empresa); relativos à "venda de produto ou à prestação de serviços". Se o contribuinte não mantém contabilidade regular ou registros das suas operações, não poderá cometer o delito em questão.[60]

Da mesma forma, Wladimir Novaes Martinez define os elementos normativos do tipo penal em questão, senão vejamos:

> A rigor, "despesas contábeis" são as consumidas com o pagamento dos serviços de contabilidade, mas não é disso que cuida o legislador e sim de desembolsos de gastos contabilizados, de modo geral.
> Custos têm semelhança com despesas, no segmento das atividades-meio da empresa, pagamentos feitos para a aquisição de meios que tornam possível a comercialização de produtos ou a prestação de serviços.
> Produtos devem ser entendidos por mercadorias ou bens, distinguindo-se da oferta de mão-de-obra.
> Prestação de serviços é atividade econômica ou profissional de grande alcance, abrangendo toda sorte de atendimentos pessoais ou não.
> Ambas as inserções, despesas ou custos, dizem respeito ao fornecimento de produtos ou à prestação de serviços. Declaradamente, não inclui a cessão de mão-de-obra ou a empreitada (Lei n. 9.711/98).[61]

Diversas críticas foram lançadas ao tipo penal em questão, em razão de sua demasiada abrangência. De fato, afirma Luiz Régis Prado que "critica-se a abrangência do tipo enfocado, já que o legislador não delimitou o alcance

---

[59] GOMES, Luiz Flávio. *Crimes Previdenciários*. São Paulo: Revista dos Tribunais, 2001, p. 38.
[60] Idem, p. 38-39.
[61] MARTINEZ, Wladimir Novaes. *Os Crimes Previdenciários no Código Penal*. São Paulo: LTr, 2001, p. 40.

da norma incriminadora, numa clara ofensa ao princípio constitucional-penal da taxatividade".[62]

E continua o doutrinador supramencionado, trazendo à tona os motivos da crítica apresentada, aduzindo que "todos os custos de produção ou despesas contábeis da atividade empresarial levam em consideração os reflexos econômicos da carga tributária/fiscal".[63]

A mesma crítica é formulada por Wladimir Novaes Martinez, senão vejamos:

> A generalidade do dispositivo o compromete, pois as contribuições profissionais (descontadas dos trabalhadores) e as empresariais, por se tratarem de despesas operacionais gerais, fazem parte dos custos do bem oferecido. Com isso absorvem os aportes aludidos no *caput* do art. 168-A e no inciso I. Dessa forma, o inciso II não trata verdadeiramente de apropriação indébita.[64]

Por fim, cumpre frisar a constatação de Juary Silva, citado por Luiz Flávio Gomes, que afirma que a análise dogmática da conduta em tela

> (...) não enseja maior dificuldade; o que decerto não é fácil é a prova do ilícito, que constitui ônus do órgão acusatório, que terá de evidenciar o não-recolhimento do valor das contribuições sociais, entrosado com a "venda de produtos ou serviços" ["venda de produtos ou à prestação de serviços"], desde que tal valor haja integrado "custos ou despesas contábeis", em conexão com a aludida venda, circunstâncias, como de pronto se dessume, dependentes do exame da contabilidade do obrigado, sendo despicienda, em princípio, a prova oral.[65]

A crítica é também formulada por Heloisa Estellita Salomão, a qual afirma que "seria tarefa hercúlea, senão

---

[62] PRADO, Luiz Régis. *Direito Penal Econômico*. São Paulo: Revista dos Tribunais, 2004, p. 501.

[63] EISELE, A. *apud* PRADO, Luiz Régis. *Direito Penal Econômico*. São Paulo: Revista dos Tribunais, 2004, p. 501.

[64] MARTINEZ, Wladimir Novaes. *Os Crimes Previdenciários no Código Penal*. São Paulo: LTr, 2001, p. 40.

[65] SILVA, Juary *apud* GOMES, Luiz Flávio. *Crimes Previdenciários*. São Paulo: Revista dos Tribunais, 2001, p. 38.

impossível, lograr a acusação comprovar quando e em que medida os valores devidos à previdência social tenham integrado despesas contábeis ou custos relativos à venda de produtos ou à prestação de serviços".[66]

2.3.5. O § 1º, inciso III, do artigo 168-A do Código Penal

Passemos, então, à análise da última conduta típica prevista no Código Penal sob a rubrica de apropriação indébita previdenciária. Dispõe o artigo 168-A, § 1º, inciso III, do Código Penal, que incorre nas mesmas penas do *caput* do artigo quem "deixar de (...) pagar benefício devido a segurado, quando as respectivas cotas ou valores já tiverem sido reembolsados à empresa pela previdência social".

Consoante leciona Wladimir Novaes Martinez,

> Até a Lei n. 9.876/99 (excluindo-se os convênios), somente dois benefícios eram pagos aos segurados diretamente pela empresa: salário-família e salário-maternidade. Esta última prestação passou a ser desembolsada pelo próprio INSS, em certas circunstâncias, e pelo empregador, a partir da referida lei.[67]

Depreende-se, igualmente, do magistério de Wellington Cláudio Pinho de Castro, que, tratando da hipótese em comento, explica que

> (...) em regra, os benefícios previdenciários são pagos diretamente ao segurado pelo INSS, através da rede bancária (Lei 8.212/91, art. 60). No entanto, em alguns casos, para facilitar o pagamento e para evitar que os segurados se amontoem em frente aos postos do INSS, o benefício é pago ao segurado pela *(sic)* empresa, que é ressarcida desse pagamento, nas futuras contribuições a seu cargo.[68]

---

[66] SALOMÃO, Heloisa Estellita. "Novos Crimes Previdenciários" – Lei nº 9.983, de 14 de julho de 2000: Primeiras Impressões. *Revista Dialética de Direito Tributário*, nº 64, São Paulo, janeiro 2001, p. 76.

[67] MARTINEZ, Wladimir Novaes. *Os Crimes Previdenciários no Código Penal*. São Paulo: LTr, 2001, p. 41.

[68] CASTRO, Wellington Cláudio Pinho de. Apropriação Indébita Previdenciária. *Revista da Associação dos Juízes Federais do Brasil – AJUFE* nº 63, ano 19, Brasília: AJUFE, jan/jun 2001, p. 306.

Da mesma forma é a lição de Luiz Flávio Gomes:

> Isso ocorre, por exemplo, com o salário-família, que é um benefício devido ao segurado (empregado). Quando as respectivas cotas ou valores já tiverem sido reembolsados à empresa pela previdência social, não pode aquela apropriar-se desse valor reembolsado.[69]

Nessa hipótese, portanto, o texto legal visa a punir o administrador da empresa, de direito e/ou de fato, que, tendo recebido, através da mesma, benefício que tenha a obrigação de pagar a segurado, não o repassa a este, apropriando-se do respectivo valor.

No entanto, Heloisa Estellita Salomão afirma que

> Trata-se de verbas como o *salário-maternidade* (excepcionalmente), *salário-família*, os quais, porém, não são reembolsados (no sentido de "restituídos") às empresas. O que sucede é que as empresas pagam e compensam o valor pago com débitos que eventualmente tenham para com o INSS.[70]

E finaliza a mencionada doutrinadora, aduzindo que, "enquanto mantida esta disciplina, portanto, o dispositivo carecerá de repercussão prática".[71]

De fato, tomando como exemplo o salário-família, este vem disciplinado nos artigos 81 e seguintes do Regulamento da Previdência Social, sendo que o § 4º do artigo 82 do regulamento dispõe que "as cotas do salário-família, pagas pela empresa, deverão ser deduzidas quando do recolhimento das contribuições sobre a folha de salário".

Ora, o sistema de compensações, em nosso ver, impede que o tipo penal previsto no inciso III do § 1º do artigo 168-A do Código Penal perfectibilize-se, uma vez que

---

[69] GOMES, Luiz Flávio. *Crimes Previdenciários*. São Paulo: Revista dos Tribunais, 2001, p. 39.
[70] SALOMÃO, Heloisa Estellita. "Novos Crimes Previdenciários" – Lei nº 9.983, de 14 de julho de 2000: Primeiras Impressões. *Revista Dialética de Direito Tributário*, nº 64, São Paulo, janeiro 2001, p. 76.
[71] Idem, ibidem.

o dispositivo exige que as cotas do benefício tenham sido reembolsadas à empresa.

Assim, não havendo efetivo reembolso das cotas do benefício, mas apenas compensações com futuros débitos da empresa com a previdência social, não há que se falar em apropriação indébita dos valores respectivos, eis que, em direito penal, *s.m.j*, não se admite interpretação extensiva *in malam partem*.

2.4. A extinção da punibilidade pelo pagamento do tributo

O § 2º do artigo 168-A do Código Penal, disciplina hipótese de extinção da punibilidade do agente. Vejamos o que dispõe o referido dispositivo:

> Art. 168-A. (...)
> § 2º É extinta a punibilidade se o agente, espontaneamente, declara, confessa e efetua o pagamento das contribuições, importâncias ou valores e presta as informações devidas à previdência social, na forma definida em lei ou regulamento, antes do início da ação fiscal.

No entanto, antes de analisarmos a disciplina atual das causas de extinção da punibilidade no crime de apropriação indébita previdenciária, que, como se verá, é regida pela Lei nº 10.684/2003, e não mais especificamente pelo dispositivo supratranscrito, há que se fazer um retrospecto legislativo, no que diz respeito ao tratamento dado à questão ao longo da evolução da legislação brasileira.

Saliente-se, primeiramente, que, conforme já tivemos oportunidade de ressaltar, as contribuições sociais, das quais fazem parte as contribuições previdenciárias, constituem espécie do gênero tributo, eis que, por força da Constituição Federal de 1988, se convencionou que temos, em nosso sistema, cinco espécies de tributo, quais sejam, os impostos, as taxas, as contribuições de melhoria, as contribuições sociais e os empréstimos compulsórios.[72]

Nesse contexto, a disciplina das hipóteses de extinção da punibilidade pelo pagamento dos tributos devidos abrange, por óbvio, os crimes em que o objeto material do delito são contribuições sociais, mais especificamente as contribuições previdenciárias, eis que, como referido, estas constituem espécies de tributos.

Segundo Andreas Eisele,

> O primeiro diploma legal mediante o qual se instituiu o tratamento diferenciado [no que diz respeito à reparação do dano] foi o Decreto nº 48.959-A, de 19 de setembro de 1960, cujo conteúdo aprovou o então regulamento geral da previdência social, o qual, no § 2º de seu art. 483, dispunha que a "empresa" poderia "elidir o processo criminal", efetuando o pagamento do total devido, no prazo de 30 (trinta) dias contados da data da lavratura do auto de infração.[73]

E segue o referido autor, apresentando a sua crítica:

> O texto do dispositivo legal não possui rigor técnico, eis que, além de referir-se à empresa e não à pessoa física como o sujeito do processo penal (o que é impossível ocorrer no sistema penal tributário brasileiro atual, em face da não previsão da responsabilidade penal da pessoa jurídica em relação a crimes contra a ordem tributária), alude à elisão do processo, figura inexistente no ordenamento jurídico processual penal.[74]

Posteriormente, a Lei nº 4.357, de 16 de julho de 1964, que tratou da autorização de emissão de Obrigações do Tesouro Nacional e alterou a legislação acerca do imposto sobre a renda, além de outras providências, dispôs, nos §§ 1º e 2º do artigo 11,[75] que:

---

[72] Ver item 1.5 supra.
[73] EISELE, Andreas. *Crimes contra a Ordem Tributária*. São Paulo: Dialética, 2002, p.108.
[74] Idem, ibidem.
[75] O artigo 11 da Lei nº 4.357, de 16 de julho de 1964 previa hipóteses de apropriação indébita de valores descontados a título de imposto de renda e cobrados a título de imposto de consumo (posteriormente substituído pelo imposto sobre produtos industrializados), bem como do valor

§ 1º O fato deixa de ser punível, se o contribuinte ou fonte retentora, recolher os débitos previstos neste artigo antes da decisão administrativa de primeira instância no respectivo processo fiscal.

§ 2º Extingue-se a punibilidade de crime de que trata êste artigo, pela existência, à data da apuração da falta, de crédito do infrator, perante a Fazenda Nacional, autarquias federais e sociedade de economia mista em que a União seja majoritária, de importância superior aos tributos não recolhido, excetuados *(sic)* os créditos restituíveis nos têrmos da Lei nº 4.155, de 28 de novembro de 1962.

Sobreveio, então, a Lei nº 4.729, de 14 de julho de 1965, que tratava do crime de sonegação fiscal. O referido diploma legal dispôs, em seu artigo 2º, que: "Extingue-se a punibilidade dos crimes previstos nesta lei quando o agente promover o recolhimento do tributo devido, antes de ter início, na esfera administrativa, a ação fiscal própria".

Consoante lição de Andrei Zenkner Schmidt,

Em sua primeira versão, a possibilidade de o pagamento do tributo extinguir a punibilidade dos delitos de sonegação fiscal exigia quase que um arrependimento eficaz de parte do agente, na medida em que o recolhimento teria de ser prévio à instauração da ação fiscal, o que, em termos práticos, seria o mesmo que afirmarmos a necessidade de o pagamento ser prévio à descoberta formal da sonegação.[76]

---

do extinto imposto do selo: "Art 11. Inclui-se entre os fatos constitutivos do crime de apropriação indébita, definido no art. 168 do Código Penal, o não-recolhimento, dentro de 90 (noventa) dias do término dos prazos legais: a) das importâncias do Impôsto de Renda, seus adicionais e empréstimos compulsórios, descontados pelas fontes pagadoras de rendimentos; b) do valor do Impôsto de Consumo indevidamente creditado no-s livros de registro de matérias-primas (modêlos 21 e 21-A do Regulamento do Impôsto de Consumo) e deduzido de recolhimentos quinzenais, referente a notas fiscais que não correspondam a uma efetiva operação de compra e venda ou que tenham sido emitidas em nome de firma ou sociedade inexistente ou fictícia; c) do valor do Impôsto do Sêlo recebido de terceiros pelos estabelecimentos sujeitos ao regime de verba especial."

[76] SCHMIDT, Andrei Zenkner. *Exclusão da Punibilidade em Crimes de Sonegação Fiscal*. Rio de Janeiro: Lumen Juris, 2003, p. 86.

No entanto, consoante leciona Jefferson Aparecido Dias, "esse dispositivo não se aplicava aos crimes praticados contra a Previdência Social que, à época, eram regulados pela Lei n° 3.807/60".[77]

Segundo Andreas Eisele,

> Esta regulamentação [artigo 2º da Lei nº 4.729/65] foi repetida no Decreto nº 58.400, de 10 de maio de 1966, em seu art. 456. Nos parágrafos do art. 461, o Decreto nº 58.400/66 prevê hipótese de ampliação da área de abrangência da regra, para que esta incida em relação aos crimes assemelhados à apropriação indébita, mediante repetição do teor do art. 11 da Lei nº 4.357/64.[78]

O Decreto-Lei n° 94, de 30 de dezembro de 1966, que alterou a legislação do imposto de renda, dispôs, em seu artigo 8°, que:

> Além do caso de que trata o artigo 2º da Lei nº 4.729, de 14 de julho de 1965, também se extinguirá a punibilidade dos crimes nela previstos, se, mesmo iniciada a ação fiscal, o agente promover, até 31 de janeiro de 1967, o recolhimento dos tributos e multas ou, não estando ainda julgado o respectivo processo, depositar na repartição competente, em dinheiro ou em Obrigações do Tesouro, a importância nêle considerada devida.

Posteriormente, o Decreto-Lei n° 157, de 10 de fevereiro de 1967, ampliou a possibilidade extinção da punibilidade do agente, se o pagamento fosse efetuado anteriormente ao início da ação penal:

> Art 18. Nos casos de que trata a Lei nº 4.729, de 14 de julho de 1965, também se extinguirá a punibilidade dos crimes nela previstos se, mesmo iniciada a ação fiscal, o agente promover o recolhimento dos tributos e multas devidos, de acôrdo com as disposições do Decreto-lei nº 62, de 21 de novembro de 1966, ou dêste Decreto-lei, ou, não estando julgado o respectivo processo depositar, nos prazos fixados, na repartição competente, em dinheiro ou em Obrigações Reajustáveis do Tesouro,

---

[77] DIAS, Jefferson Aparecido. *Crime de Apropriação Indébita Previdenciária*. 2ª ed., Curitiba: Juruá, 2008, p. 84.

[78] EISELE, Andreas. *Crimes contra a Ordem Tributária*. São Paulo: Dialética, 2002, p.109.

as importâncias nele consideradas devidas, para liquidação do débito após o julgamento da autoridade da primeira instância.

§ 1º O contribuinte que requerer, até 15 de março de 1967, à repartição competente retificação de sua situação tributária, antes do início da ação fiscal, indicando as faltas cometidas, ficará isento de responsabilidade pelo crime de sonegação fiscal, em relação às faltas indicadas, sem prejuízo do pagamento dos tributos e multas que venham a ser considerados devidos.

§ 2º Extingue-se a punibilidade quando a imputação penal, de natureza diversa da Lei nº 4.729, de 14 de julho de 1965, decorra de ter o agente elidido o pagamento de tributo, desde que ainda não tenha sido iniciada a ação penal se o montante do tributo e multas fôr pago ou depositado na forma dêste artigo.

O Regulamento do Custeio da Previdência Social, introduzido no ordenamento jurídico brasileiro pelo Decreto nº 83.081/1979, em seu artigo 167, § 2º,[79] previa hipótese de extinção da punibilidade do agente pelo pagamento. Nesse sentido é o magistério de Leonardo Alonso, senão vejamos:

No âmbito previdenciário, o Dec. 83.081/1979 (Regulamento do Custeio da Previdência Social), previa a extinção da punibilidade pelo pagamento nos crimes de sonegação de contribuição previdenciária e de apropriação indébita de contribuição previdenciária, desde que efetivado antes de proferida decisão administrativa de primeira instância.[80]

No entanto, em 27 de dezembro de 1990, foi editada a Lei nº 8.137, que definiu como conduta penalmente relevan-

---

[79] Decreto 83.081/1979. Art. 167. Constitui crime: (...) II – de apropriação indébita, nos termos da legislação penal: a) deixar de recolher na época própria contribuição ou outra quantia arrecadada de segurado ou do público e devida à previdência social; b) deixar de pagar o salário-família a empregado após o reembolso da cota respectiva pelo FPAS. (...) § 2º A punibilidade dos crimes dos Itens I e II extingue-se quando o infrator recolhe a contribuição ou cota devida antes da decisão administrativa de primeira instância.

[80] ALONSO, Leonardo. A Aplicabilidade da Regra de Extinção da Punibilidade pelo Pagamento do Chamado REFIS II para os Crimes de Apropriação Indébita Previdenciária (art. 168-A do CP). *Revista da Associação Brasileira de Professores de Ciências Penais*, nº 1, ano 1, São Paulo: Editora Revista dos Tribunais, julho-dezembro de 2004, p. 263.

te, em seu artigo 2º, inciso II, o fato de "deixar de recolher, no prazo legal, valor de tributo ou de contribuição social, descontado ou cobrado, na qualidade de sujeito passivo de obrigação e que deveria recolher aos cofres públicos".

Assim, incluiu expressamente no dispositivo o termo "contribuição social", e disciplinou, em seu artigo 14, hipótese de extinção da punibilidade pelo pagamento do tributo:

> Art. 14. Extingue-se a punibilidade dos crimes definidos nos arts. 1º a 3º quando o agente promover o pagamento de tributo ou contribuição social, inclusive acessórios, antes do recebimento da denúncia.

Conforme bem constata Jefferson Aparecido Dias,

> A referida Lei trouxe, como principal alteração, o momento até o qual o pagamento deveria ser feito, ou seja, a partir dela, o pagamento resultaria na extinção da punibilidade se fosse realizado até o recebimento da denúncia, e não mais até o início ou término da ação fiscal.[81]

Saliente-se que a Lei nº 8.212/1991, que regulou amplamente a Seguridade Social e seu custeio, instituindo, inclusive, tipos penais que criminalizavam a apropriação indébita previdenciária, nada dispôs acerca da possibilidade, ou não, de extinção da punibilidade pelo pagamento das contribuições previdenciárias em questão, "prevalecendo a regra do art. 14 da Lei 8.137/1990, mediante aplicação do princípio da analogia *in bonam partem*".[82]

Expressamente revogados pela Lei nº 8.383, de 30 de dezembro de 1991, o artigo 2º da Lei nº 4.729/1965, e o artigo 14 da Lei nº 8.137/1990, excluiu-se a possibilidade de o pagamento do tributo extinguir a punibilidade do agente. Dessa forma, após a publicação da Lei nº 8.383/1991, o

---

[81] DIAS, Jefferson Aparecido. *Crime de Apropriação Indébita Previdenciária*. 2ª ed., Curitiba: Juruá, 2008, p. 85.

[82] ALONSO, Leonardo. A Aplicabilidade da Regra de Extinção da Punibilidade pelo Pagamento do Chamado REFIS II para os Crimes de Apropriação Indébita Previdenciária (art. 168-A do CP). *Revista da Associação Brasileira de Professores de Ciências Penais*, nº 1, ano 1, São Paulo: Editora Revista dos Tribunais, julho-dezembro de 2004, p. 264.

pagamento integral do tributo, até o recebimento da denúncia, configuraria arrependimento posterior,[83] acarretando a redução da pena, de um a dois terços apenas, mas não extinguiria a punibilidade do agente.

No entanto, em 26 de dezembro de 1995, editou-se a Lei nº 9.249, que reintroduziu no ordenamento jurídico-penal brasileiro a previsão de o pagamento do tributo extinguir a punibilidade do agente, quando efetivado até o recebimento da denúncia. Dispôs, em seu artigo 34, que:

> Art. 34. Extingue-se a punibilidade dos crimes definidos na Lei nº 8.137, de 27 de dezembro de 1990, e na Lei nº 4.729, de 14 de julho de 1965, quando o agente promover o pagamento do tributo ou contribuição social, inclusive acessórios, antes do recebimento da denúncia.

Ressalte-se que o referido dispositivo legal inseriu expressamente o termo "contribuição social" que, apesar de redundante, eis que "contribuição social" integra o conceito de "tributo", dirimiu qualquer dúvida que pudesse pairar acerca da aplicabilidade ou não do dispositivo aos crimes previdenciários.

Conforme magistério de Jefferson Aparecido Dias,

> Por expressa disposição legal, o referido artigo se aplicava apenas aos crimes previstos na Lei 8.137/90 e Lei 4.729/65, e não aos crimes contra a Previdência Social previstos na Lei 8.212/91, mas, por força de uma analogia *in bonam partem*, pacificou-se na doutrina e na jurisprudência a posição de que também os crimes definidos na Lei 8.212/91 teriam extinta a punibilidade no caso de pagamento da contribuição social e de seus acessórios.[84]

A Lei nº 9.983/2000, que introduziu o artigo 168-A e seus parágrafos no Código Penal, conforme visto, deu novo tratamento à matéria em questão, assim dispondo a respeito da extinção da punibilidade do agente:

---

[83] Código Penal. Art. 16. Nos crimes cometidos sem violência ou grave ameaça à pessoa, reparando o dano ou restituída a coisa, até o recebimento da denúncia ou da queixa, por ato voluntário do agente, a pena será reduzida de 1 (um) a 2/3 (dois terços).

[84] DIAS, Jefferson Aparecido. *Crime de Apropriação Indébita Previdenciária*. 2ª ed., Curitiba: Juruá, 2008, p. 85.

Art. 168-A. (...)

§ 2º É extinta a punibilidade se o agente, espontaneamente, declara, confessa e efetua o pagamento das contribuições, importâncias ou valores e presta as informações devidas à previdência social, na forma definida em lei ou regulamento, antes do início da ação fiscal.

Surgiram, então, dúvidas acerca do significado da expressão "antes do início da ação fiscal". Para alguns, "a única alternativa é a de que o legislador aludiu à *Execução Fiscal*, como marco legal para a extinção da punibilidade do agente que promover o pagamento de sua dívida para com o Instituto".[85]

No entanto, a doutrina majoritária tem entendido que a expressão "ação fiscal" refere-se à fiscalização pelo órgão previdenciário. Segundo Antônio Lopes Monteiro,

> Não resta dúvida, contudo, que pelo contexto em que foi empregada, "ação fiscal" corresponde à fiscalização. Outro entendimento, como processo administrativo ou até judicial, não teria sentido, pois não haveria confissão e muito menos seria espontânea, como exige o dispositivo.[86]

No mesmo sentido é o posicionamento de Jefferson Aparecido Dias, para quem

> Como início da ação fiscal deve-se considerar a data do recebimento, pelo contribuinte, do termo de início da ação fiscal (TIAF), momento até o qual as contribuições previdenciárias devidas devem ser pagas, inclusive com acessórios, para que o agente seja beneficiado pela extinção da punibilidade.[87]

Frise-se, outrossim, a colocação de Luiz Flávio Gomes, que afirma que,

---

[85] PODVAL, Roberto; MANDEL, Paula Kahan. Crimes de Apropriação Indébita e de Sonegação de Contribuição Previdenciária – Comentários Críticos à Lei nº 9.983, de 14/07/00. *Revista Dialética de Direito Tributário*, nº 65, São Paulo, fevereiro 2001, p. 119.

[86] MONTEIRO, Antônio Lopes. *Crimes Contra a Previdência Social.* 2ª ed., São Paulo: Saraiva, 2003, p. 110.

[87] DIAS, Jefferson Aparecido. *Crime de Apropriação Indébita Previdenciária.* 2ª ed., Curitiba: Juruá, 2008, p. 87.

Na verdade, sem a cientificação pessoal do contribuinte não se pode considerar iniciada formalmente a ação fiscal. Com isso a nova disciplina do pagamento extintivo muito se aproxima da denúncia espontânea do art. 138 do CTN.[88]

E continua o referido autor, ressaltando que

> Qualquer interpretação exageradamente restritiva põe-se em antagonismo com o espírito *arrecadador* que norteia a própria idéia de se facultar o pagamento do tributo com eficácia extintiva da punibilidade.[89]

Não obstante, relembra Jefferson Aparecido Dias que, para parte da doutrina e da jurisprudência pátrias, a disciplina da extinção da punibilidade, conforme ditada pelo § 2º do artigo 168-A do Código Penal, resulta "numa evidente falta de simetria e, até mesmo, numa contradição em face dos crimes contra a ordem tributária".[90]

De fato, tratando-se a contribuição previdenciária igualmente de tributo, não há razões suficientes para que se dê tratamento diferenciado, no que concerne, por exemplo, à supressão ou redução de impostos. Tal situação fere o princípio da isonomia.

O princípio da igualdade, consagrado no art. 5º da Constituição da República Federativa do Brasil, preconiza que todos são iguais perante a lei, sem distinção de qualquer natureza.

Tal princípio, conforme magistério de Alexandre de Moraes,

> (...) opera em dois planos distintos. De uma parte, frente ao legislador ou ao próprio executivo, na edição, respectivamente, de leis, atos normativos e medidas provisórias, impedindo que possam criar tratamento abusivamente diferenciados a pessoas que encontram-se em situações idênticas. Em outro plano, na obrigatoriedade ao intérprete,

---

[88] GOMES, Luiz Flávio. *Crimes Previdenciários*. São Paulo: Revista dos Tribunais, 2001, p. 59.
[89] Idem, ibidem.
[90] DIAS, Jefferson Aparecido. *Crime de Apropriação Indébita Previdenciária*. 2ª ed., Curitiba: Juruá, 2008, p. 88.

basicamente, a autoridade pública, de aplicar a lei e atos normativos de maneira igualitária, sem estabelecimento de diferenciações em razão de sexo, religião, convicções filosóficas ou políticas, raça, classe social.[91]

Há muito tempo já lecionava o saudoso Rui Barbosa,[92] em sua célebre *Oração aos Moços*, que a "regra da igualdade não consiste senão em quinhoar desigualmente aos desiguais, na medida em que se desigualam". E continua o exímio jurista, afirmando que "tratar com desigualdade a iguais, ou a desiguais com igualdade, seria desigualdade flagrante, e não igualdade real".

E a velha lição do mestre Rui Barbosa permanece ainda viva nos dias atuais, fazendo-se presente nos ensinamentos dos mais abalizados e modernos doutrinadores:

> Deve-se, contudo, buscar não somente esta aparente igualdade formal (consagrada no *liberalismo clássico*), mas, principalmente, a igualdade material, na medida em que a lei deverá tratar igualmente os iguais e desigualmente os desiguais, na medida de suas desigualdades.[93]

Assim, em respeito ao princípio da igualdade, não se admite que haja tratamento diferenciado a situações análogas, nem tratamento idêntico a situações diferentes, sem que se leve em conta essas próprias diversidades, mormente em se tratando de exercício do poder punitivo estatal, que restringe de forma violenta a liberdade e os direitos do indivíduo.

No entanto, sobreveio a Lei nº 10.684, de 30 de maio de 2003, que instituiu o PAES, um novo programa de parcelamento de débitos tributários junto à Secretaria da Receita Federal, à Procuradoria-Geral da Fazenda Nacional e

---

[91] MORAES, Alexandre de. *Direito Constitucional*. 12. ed. São Paulo: Atlas, 2002, p. 65.
[92] BARBOSA, Rui. *Oração aos Moços / O Dever do Advogado*. 2ª ed., Campinas: Russell Editores, 2005, p. 33.
[93] LENZA, Pedro. *Direito Constitucional esquematizado*. 10ª ed., São Paulo: Método, 2006, p. 531.

ao Instituto Nacional do Seguro Social. Segundo Jefferson Aparecido Dias,

> A referida Lei não criou grande novidade, uma vez que apenas reeditava o benefício fiscal concedido pela Lei nº 9.964, de 10.04.2000, que criou o chamado Programa de Recuperação Fiscal (Refis), tanto que o PAES recebeu o apelido de Refis 2.[94]

No entanto, a Lei nº 10.684/2003 tratou, em seu artigo 9º, acerca da extinção da punibilidade, de forma diversa daquela que instituiu o Refis:[95]

> Art. 9º É suspensa a pretensão punitiva do Estado, referente aos crimes previstos nos arts. 1º e 2º da Lei nº 8.137, de 27 de dezembro de 1990, e nos arts. 168A e 337A do Decreto-Lei nº 2.848, de 7 de dezembro de 1940 – Código Penal, durante o período em que a pessoa jurídica relacionada com o agente dos aludidos crimes estiver incluída no regime de parcelamento.
> § 1º A prescrição criminal não corre durante o período de suspensão da pretensão punitiva.
> § 2º Extingue-se a punibilidade dos crimes referidos neste artigo quando a pessoa jurídica relacionada com o agente efetuar o pagamento integral dos débitos oriundos de tributos e contribuições sociais, inclusive acessórios.

Conforme se percebe, o citado diploma legal permitiu o ingresso em regime de parcelamento dos tributos, período em que fica suspensa a pretensão punitiva do Estado, bem como a prescrição criminal. Ao final do parcelamento, com o pagamento integral do débito, extingue-se a punibilidade do agente.

A mencionada lei não estabeleceu qualquer prazo para que o pagamento do tributo tenha o efeito de extin-

---

[94] DIAS, Jefferson Aparecido. *Crime de Apropriação Indébita Previdenciária*. 2ª ed., Curitiba: Juruá, 2008, p. 89.

[95] A Lei nº 9.964/2000, que instituiu o Programa de Recuperação Fiscal – REFIS, dispôs, no § 3º do seu artigo 15, que "Extingue-se a punibilidade dos crimes referidos neste artigo quando a pessoa jurídica relacionada com o agente efetuar o pagamento integral dos débitos oriundos de tributos e contribuições sociais, inclusive acessórios, que tiverem sido objeto de concessão de parcelamento antes do recebimento da denúncia criminal."

guir a punibilidade do agente. Os Tribunais pátrios têm reconhecido que a extinção da punibilidade não beneficia apenas àqueles que ingressaram no programa de parcelamento, que tinha prazo determinado, já há muito expirado, mas a todo e qualquer cidadão que conseguisse quitar os débitos existentes.

O Supremo Tribunal Federal adotou tal posicionamento:

> Ação Penal. Crime tributário. Tributo. Pagamento após o recebimento da denúncia. Extinção da punibilidade. Decretação. HC concedido de ofício para tal efeito. Aplicação retroativa do art. 9º da Lei federal 10.684/03, cc. art. 5º, XL, da CF, e art. 61 do CPP. O pagamento do tributo, a qualquer tempo, ainda que após o recebimento da denúncia, extingue a punibilidade do crime tributário.[96]

No mesmo sentido é a orientação adotada pelo Superior Tribunal de Justiça, senão vejamos:

> RECURSO ORDINÁRIO EM *HABEAS CORPUS*. APROPRIAÇÃO INDÉBITA PREVIDENCIÁRIA. PAGAMENTO INTEGRAL. EXTINÇÃO DA PUNIBILIDADE. ARTIGO 9, § 2º, DA LEI 10.684/03. RECURSO PROVIDO. 1. O pagamento integral dos débitos provenientes da falta de recolhimento dos tributos ou contribuições sociais, a teor do artigo 9º, parágrafo 2º, da Lei n.º 10.684/03, extingue a punibilidade dos crimes tipificados nos artigos 1º e 2º da Lei nº 8.137/90, 168-A e 337-A do Código Penal. 2. A benesse conferida não estipula limite temporal para o pagamento do tributo ou contribuição social, pois, tão-somente, coloca como requisito a integralidade do pagamento para extinguir a punibilidade. Assim, mesmo que o pagamento seja posterior ao recebimento da denúncia, é causa extintiva da punibilidade do agente. 3. Recurso provido para determinar o trancamento da ação penal.[97]

O parcelamento do débito, então, tem o condão de, imediatamente, suspender o processo e o prazo prescri-

---

[96] BRASIL. Supremo Tribunal Federal, 1ª Turma, *Habeas Corpus* nº 81.929-0/RJ, Rel. Min. César Peluso, julgado em 16.12.2003, DJ 27.02.2004, p. 27.

[97] BRASIL. Superior Tribunal de Justiça, 6ª Turma, Recurso Ordinário no *Habeas Corpus* nº 17.367/SP, Rel. Min. Hélio Quaglia Barbosa, julgado em 17.11.2005, DJ 05.12.2005, p. 378.

cional, extinguindo a punibilidade do agente, ao final do parcelamento, quando do integral pagamento, conforme entendimento, inclusive, do Supremo Tribunal Federal.[98]

No entanto, quando se tratar de débitos relacionados a diversas e individualizadas competências, ou seja, quando individualizados os débitos mês a mês, o pagamento parcial tem o condão, com base no disposto no § 2º do artigo 9º da Lei nº 10.684/2003, extinguir a punibilidade do agente quanto a tais parcelas.[99]

Ressalte-se, por outro lado, a constatação de José Paulo Baltazar Júnior, que, apesar de discordar do posicionamento, afirma que

> É majoritária a corrente jurisprudencial que estende a extinção da punibilidade também para o caso de parcelamento, seja ao argumento de que parcelar equivale a promover o pagamento, seja porque o parcelamento implicaria novação (STJ, RHC3.973-6-RS, DJ 15.5.95; HC 2.538-9/RS; STF, Inq. 763-3/DF, Carlos Velloso, DJ 3.11.94; RCCR 94.04.02628-0/PR, Volkmer de Castilho, 1ª T., DJ 3.4.96).[100]

Frise-se que, apesar de se considerar impossível o parcelamento administrativo de débitos oriundos das contribuições previdenciárias descontadas e não repassadas ao órgão previdenciário, deve ser estendida a possibilidade de aplicação do benefício da extinção da punibilidade do agente pelo pagamento integral do débito também no caso de crime de apropriação indébita previdenciária, eis que, segundo Leonardo Alonso, seria

> (...) ilógico e inconstitucional a aplicação de regras distintas a situações exatamente idênticas, devendo ser o sistema tributário analisado de for-

---

[98] BRASIL. Supremo Tribunal Federal, 2ª Turma, *Habeas Corpus* nº 83.936-3/TO, Rel. Min. Joaquim Barbosa, julgado em 31.08.2004, DJ 25.02.2005, p. 35.
[99] BRASIL. Tribunal Regional Federal da 4ª Região, Apelação Criminal nº 2005.04.01.009856-0, Oitava Turma, Rel. Des. Élcio Pinheiro de Castro, publicado em 09.11.2005.
[100] BALTAZAR JÚNIOR, José Paulo. *Crimes Federais*. Porto Alegre: Livraria do Advogado, 2006, p. 55-56.

ma única e coesa, principalmente para fins penais, sendo incongruente a adoção de linhas tão distintas para delitos de mesma objetividade jurídica.[101]

Portanto, entendemos ser plenamente aplicável a Lei n° 10.684/2003 ao crime de apropriação indébita previdenciária, inclusive de forma retroativa, eis que mais benéfica, operando-se a extinção da punibilidade do agente pelo pagamento integral do débito junto à Previdência Social.

Frise-se, por fim, que não comungamos da posição de que o mero parcelamento do débito tenha o condão de extinguir a punibilidade do agente, eis que o parcelamento é definido, pelo artigo 151 do Código Tributário Nacional, como mera causa de suspensão da exigibilidade do crédito tributário, e não de extinção do mesmo, como ocorre no caso do pagamento, nos termos do artigo 156 do Código Tributário Nacional.

2.5. O perdão judicial ou a aplicação exclusiva da pena de multa

O § 3° do artigo 168-A do Código Penal prevê hipótese de perdão judicial, em que se deixa de aplicar a pena, se o agente preencher certos requisitos. Da mesma forma, o dispositivo cria a hipótese de aplicação exclusivamente da pena de multa. Eis como reza o citado dispositivo legal:

> Art. 168-A. (...)
> § 3º É facultado ao juiz deixar de aplicar a pena ou aplicar somente a de multa se o agente for primário e de bons antecedentes, desde que:

---

[101] ALONSO, Leonardo. A Aplicabilidade da Regra de Extinção da Punibilidade pelo Pagamento do Chamado REFIS II para os Crimes de Apropriação Indébita Previdenciária (art. 168-A do CP). *Revista da Associação Brasileira de Professores de Ciências Penais*, n° 1, ano 1, São Paulo: Revista dos Tribunais, julho-dezembro de 2004, p. 271.

I – tenha promovido, após o início da ação fiscal e antes de oferecida a denúncia, o pagamento da contribuição social previdenciária, inclusive acessórios; ou

II – o valor das contribuições devidas, inclusive acessórios, seja igual ou inferior àquele estabelecido pela previdência social, administrativamente, como sendo o mínimo para o ajuizamento de suas execuções fiscais.

Conforme visto, o preceito contém duas hipóteses legais alternativas, em que o agente pode receber o perdão judicial, ou seja, enquadrando-se em qualquer delas fará jus ao benefício. Isso ocorre, pois o legislador, ao referir que "é facultado ao juiz" escolher entre aplicar o perdão judicial ou aplicar apenas a pena de multa, deixou claro que tal faculdade diz respeito à aplicação de um ou de outro instituto, e não à escolha entre a aplicação ou não de algum deles. Assim, preenchidos os pressupostos legais, constitui direito subjetivo do réu a concessão de alguma das benesses previstas.

De fato, segundo doutrina de Luiz Flávio Gomes, uma vez "preenchidos os requisitos legais, o juiz poderá *optar* entre o perdão judicial ou aplicar somente a pena de multa (levando em conta as peculiaridades de cada caso concreto)".[102]

Por outro lado, há requisitos que são indispensáveis, tanto para a hipótese contida no inciso I, quanto para a alternativa descrita no inciso II: deverá o agente ser primário e de bons antecedentes. Sem essas condições, não há que se falar em perdão judicial ou aplicação apenas da pena de multa, por expressa vedação legal.

Nesse aspecto, ainda conforme leciona Luiz Flávio Gomes,

> Primário é o não reincidente e reincidente é quem pratica nova infração penal depois de ter sido condenado antes por outra infração (CP, art. 63, e LCP, art. 7º). O conceito de antecedentes criminais, por sua vez,

---

[102] GOMES, Luiz Flávio. *Crimes Previdenciários*. São Paulo: Revista dos Tribunais, 2001, p. 64.

exige uma condenação passada que já não gera reincidência. Qualquer outra pretensão de considerar como antecedente criminal inquérito em andamento, processo em andamento, inquérito arquivado etc. viola o princípio da presunção de inocência, que assegura que ninguém pode ser considerado culpado antes do trânsito em julgado (CF, art. 5º, LVII).[103]

A hipótese prevista no inciso I do § 3º do artigo 168-A do Código Penal prevê que o juiz pode deixar de aplicar a pena ou aplicar somente a de multa se o agente, primário e de bons antecedentes, tenha promovido, após o início da ação fiscal e antes de oferecida a denúncia, o pagamento da contribuição social previdenciária, inclusive acessórios.

No entanto, entendemos que o mencionado dispositivo legal foi derrogado tacitamente pelo § 2º do artigo 9º da Lei nº 10.684, de 30 de maio de 2003. Isso ocorre, pois, conforme visto, este dispositivo não estabeleceu prazo para que o pagamento do tributo tenha o condão de extinguir a punibilidade do agente.

Assim, e consoante entendimento do Supremo Tribunal Federal, "o pagamento do tributo, a qualquer tempo, ainda que após o recebimento da denúncia, extingue a punibilidade do crime tributário",[104] o que vale também para as contribuições previdenciárias, que são espécies de tributo.

É clara a incompatibilidade existente entre o dispositivo em questão e a hipótese prevista no inciso I do § 3º do artigo 168-A do Código Penal, eis que, se o pagamento do tributo, a qualquer tempo, extingue a punibilidade do agente, não há que se falar em perdão judicial e muito menos em aplicação exclusiva da pena de multa, uma vez que a Lei nº 10.684/2003 deve ser aplicada, inclusive, de forma retroativa, por ser mais benéfica.

---

[103] GOMES, Luiz Flávio. *Crimes Previdenciários*. São Paulo: Revista dos Tribunais, 2001, p. 64.
[104] BRASIL. Supremo Tribunal Federal, 1ª Turma, *Habeas Corpus* nº 81.929-0/RJ, Rel. Min. César Peluso, julgado em 16.12.2003, DJ 27.02.2004, p. 27.

De outra banda, a segunda hipótese em que deve o magistrado conceder o perdão judicial ou aplicar exclusivamente a pena de multa, prevista no inciso II do § 3º do artigo 168-A do Código Penal, dá-se quando o valor das contribuições devidas, inclusive acessórios, seja igual ou inferior àquele estabelecido pela previdência social, administrativamente, como sendo o mínimo para o ajuizamento de suas execuções fiscais.

Consoante constatação de Paulo Ricardo Arena Filho,

> O inc. II do § 3º, posto alternativamente ao inc. I, se constitui dispositivo realmente inovador nesta sede de crime previdenciário. Na verdade, se trata de verdadeira medida de política criminal, centrada na pequena ou ínfima relação custo-benefício da demanda penal quando de débito mínimo, para o qual nem à autarquia previdenciária há interesse em executá-lo civilmente perante o Judiciário.[105]

Trata-se, em nosso entender, da consagração do princípio da intervenção mínima do direito penal.[106] O princípio da intervenção mínima preconiza que, sendo a resposta penal do Estado um meio extremamente violento, podendo acarretar, de forma muito grave, a restrição da liberdade do indivíduo a ela submetido, ou de seus direitos, somente se deve recorrer a tal manifestação do poder punitivo estatal quando todas as demais esferas do Direito não obtiverem êxito na proteção do bem jurídico. Daí a idéia de que o Direito Penal constitui a *ultima ratio* da intervenção estatal.

Tal princípio, conforme lição de Nilo Batista, "não está expressamente inscrito no texto constitucional (...) nem no

---

[105] ARENA FILHO, Paulo Ricardo. Observações Sobre a Aplicação do Perdão Judicial No Crime de Apropriação Indébita Previdenciária (Art. 168-A, § 3º, Incs. I e II, CP). *Boletim IBCCRIM* nº 96, ano 8, São Paulo: IBCCRIM, novembro 2000, p. 7.

[106] Ver também em DARIVA, Paulo; MEDEIROS, Eduardo Braga. A (In)Dependência das Esferas Administrativa e Judicial no Delito de Cartel: Reflexos Judiciais da Decisão do CADE. *Revista Magister de Direito Penal e Processual Penal*, vol. 24, Porto Alegre: Magister, junho/julho 2008, p. 27-42.

código penal, integrando a política criminal; não obstante, impõe-se ele ao legislador e ao intérprete da lei".[107]

Dessa forma, fundamentando-se

> (...) no pensamento de que o direito penal só se legitima quando insuficiente a tutela de outros ramos do ordenamento jurídico, o princípio da intervenção mínima crê na subsidiariedade e na fragmentariedade da interferência criminal, significando impossibilidade de sancionamento a todas as condutas lesivas, a aplicar-se apenas àquelas mais gravosas socialmente.[108]

O princípio da intervenção mínima, portanto, inadmite a ingerência de sanções penais quando não forem estritamente necessárias à proteção do bem jurídico, assim entendido como a atuação não exitosa ou insuficiente de outros ramos do Direito. Não obstante, decorre do referido princípio que, uma vez "atingida a finalidade da sanção, deve cessar imediatamente o poder punitivo do Estado".[109]

Assim, não havendo sequer o interesse administrativo em cobrar os débitos previdenciários, com menos razão poder-se-ia sustentar a presença da pretensão punitiva do Estado, em obediência ao princípio da intervenção mínima do direito penal, que determina a intervenção penal como *ultima ratio*.

Segundo lição de Antônio Lopes Monteiro,

> Lógica esta posição do legislador: se o INSS não tem interesse em cobrar judicialmente o valor da dívida por entendê-lo insignificante, ilógico seria considerá-lo supressão ou redução de contribuição previdenciária de importância tal que devesse ser considerado como causa suficientemente grave para aplicação de sanção penal ao contribuinte.[110]

---

[107] BATISTA, Nilo. *Introdução Crítica ao Direito Penal Brasileiro*. 5ª ed. Rio de Janeiro: Revan, 2001, p. 85.

[108] FERRARI, Eduardo Reale. *Medidas de Segurança e Direito Penal no Estado Democrático de Direito*. São Paulo: Revista dos Tribunais, 2001, p. 107-108.

[109] GOMES, Luiz Flávio. Medidas de Segurança e Seus Limites. *Revista de Ciências Criminais*, ano 1, n. 2, p. 64-72, abr./jun. 1993, p. 69.

[110] MONTEIRO, Antônio Lopes. *Crimes Contra a Previdência Social*. 2ª ed., São Paulo: Saraiva, 2003, p. 42-43.

Quanto ao valor mínimo que autoriza o ajuizamento de execuções fiscais, o Instituto Nacional do Seguro Social – INSS editou Portarias regulamentando a matéria. Por meio da Portaria MPAS n° 1.105, de 18 de outubro de 2002, que alterou a Portaria MPAS n° 4.943, de 04 de janeiro de 1999, o Ministro de Estado da Previdência e Assistência Social determinou, em seu artigo 4°, que a Dívida Ativa do INSS de valor até R$ 10.000,00 (dez mil reais), considerada por CGC/CNPJ, não será ajuizada, exceto quando, em face do mesmo devedor, existirem outras dívidas, caso em que estas serão agrupadas para fins de ajuizamento.

Posteriormente, a Portaria MPAS n° 1.013, de 30 de julho de 2003, novamente alterou o artigo 4° da Portaria MPAS n° 4.943/1999, definindo que as Dívidas Ativas do INSS, de valor até R$ 5.000,00 (cinco mil reais), não seriam ajuizadas.

Ocorre que a Lei n° 11.033, de 21 de dezembro de 2004, deu nova redação ao artigo 20 da Lei n° 10.522/2002, assim determinando:

> Art. 20. Serão arquivados, sem baixa na distribuição, mediante requerimento do Procurador da Fazenda Nacional, os autos das execuções fiscais de débitos inscritos como Dívida Ativa da União pela Procuradoria-Geral da Fazenda Nacional ou por ela cobrados, de valor consolidado igual ou inferior a R$ 10.000,00 (dez mil reais).

Portanto, atualmente, o valor considerado como limite, para fins de concessão do perdão judicial ou de aplicação apenas da pena de multa, está fixado em R$ 10.000,00 (dez mil reais).

3. Questões relevantes acerca do Delito de Apropriação Indébita Previdenciária

Traçadas as características gerais do delito de apropriação indébita previdenciária, previsto no artigo 168-A do Código Penal, desde uma abordagem histórica da legislação penal pertinente até a análise detalhada de todos os dispositivos previstos no referido artigo, hoje vigentes, cumpre tratarmos de alguns aspectos de grande relevância e, por isso mesmo, muito controvertidos, acerca do tipo penal em questão.

3.1. Prisão civil por dívida

Muito se tem discutido, na doutrina e na jurisprudência pátrias, se a criminalização de condutas que tenham como objeto o não-recolhimento de tributos, nestes incluídas as contribuições previdenciárias, conforme já tivemos a oportunidade de referir, não caracterizariam verdadeiras prisões pelo não pagamento de dívidas tributárias.

A discussão gira em torno da eventual inconstitucionalidade de todo delito que tenha por objeto um tributo devido e não pago, uma vez que a Constituição Federal, em seu artigo 5º, inciso LXVII, preconiza, expressamente, a impossibilidade da prisão civil por dívidas, com as exceções taxativas ali apresentadas.

Vejamos o que dispõe o inciso LXVII do artigo 5º da Constituição Federal:

> Art. 5º (...)
> LXVII – não haverá prisão civil por dívida, salvo a do responsável pelo inadimplemento voluntário e inescusável de obrigação alimentícia e a do depositário infiel.

Não obstante, o § 2º do artigo 5º da Constituição Cidadã determina que os direitos fundamentais ali expostos não são taxativos, ou seja, não excluem outros decorrentes do regime e dos princípios adotados pela própria Constituição Federal ou por tratados internacionais, senão vejamos:

> Art. 5º (...)
> § 2º Os direitos e garantias expressos nesta Constituição não excluem outros decorrentes do regime e dos princípios por ela adotados, ou dos tratados internacionais em que a República Federativa do Brasil seja parte.

Nesse contexto, o Estado brasileiro ratificou a Convenção Americana Sobre Direitos Humanos, denominado Pacto de San José de Costa Rica, adotada e aberta à assinatura na Conferência Especializada Interamericana sobre Direitos Humanos em San José de Costa Rica, em 22 de novembro de 1969.

A referida convenção foi aprovada no Brasil pelo Decreto Legislativo nº 27, de 25 de setembro de 1992, e internalizada por meio do Decreto nº 678, de 06 de novembro de 1992. O referido pacto, em seu artigo 7º, assim dispõe quanto à matéria em análise:

> Artigo 7º Direito à liberdade pessoal
> (...)
> 7. Ninguém deve ser detido por dívidas. Este princípio não limita os mandados de autoridade judiciária competente expedidos em virtude de inadimplemento de obrigação alimentar.

A par disso, vemos que a doutrina se divide em duas posições: por um lado, entende-se que os delitos que têm por objeto um tributo devido e não pago representariam previsão legal de prisão por dívidas; de outro, há doutrinadores que sustentam não haver qualquer inconstitucionalidade nas condutas referidas, eis que se estaria punindo o ato de não-recolhimento do tributo, e a dívida seria apenas uma conseqüência necessária.

Nesse sentido, vejamos a lição de José Paulo Baltazar Júnior:

> Ocorre que no caso em questão o que está criminalizado não é a conduta "dever", mas sim a conduta consistente em deixar de recolher a contribuição descontada ou cobrada, o que gera uma dívida. Vários tipos penais podem ser cometidos no bojo de uma relação lícita ou podem gerar uma dívida, como no dano e na apropriação indébita. (...) Do mesmo modo, no crime de omissão no recolhimento de contribuições previdenciárias, o que se criminaliza não é a omissão no pagamento da contribuição do empregador, mas sim a conduta de deixar de recolher a contribuição previamente descontada.[111]

Por outro lado, Petra Monteiro Fernandes refere que

> (...) poderemos concluir que os tipos legais em questão pelo menos em nossa opinião são claramente violadores das Constituições de ambos os países [Brasil e Portugal], e que consubstanciam efectivamente um regime de Prisão por Dívidas já há muito proibido pelas normas Constitucionais de ambos os países e de vários Tratados Internacionais.[112]

Da mesma forma, Paulo Eduardo Bueno refere que a simples falta de recolhimento da contribuição previdenciária constitui "um caso de crime por dívida, o que é inad-

---

[111] BALTAZAR JÚNIOR, José Paulo. *Crimes Federais*. Porto Alegre: Livraria do Advogado, 2006, p. 20.

[112] FERNANDES, Petra Monteiro. Breves Considerações sobre o Crime de Abuso de Confiança em Relação à Segurança Social e o seu Paradigma na Legislação Brasileira – o Crime de Apropriação Indébita Previdenciária. *In* COSTA, José de Faria; SILVA, Marco Antonio Marques da. *Direito Penal Especial, Processo Penal e Direitos Fundamentais – Visão Luso-Brasileira*. São Paulo: Quartier Latin do Brasil, 2006, p. 1144.

missível para uma consciência jurídica bem formada no limiar do terceiro milênio".[113]

No entanto, a jurisprudência nacional já está pacificada no aspecto. O Tribunal Regional Federal da 4ª Região já editou súmula, tratando especificamente do delito de omissão no recolhimento de contribuições previdenciárias, com o seguinte conteúdo:

> SÚMULA 65 – A pena decorrente do crime de omissão no recolhimento de contribuições previdenciárias não constitui prisão por dívida.

O Superior Tribunal de Justiça também possui o mesmo entendimento, senão vejamos:

> PROCESSUAL. OMISSÃO NO ACÓRDÃO RECORRIDO. INOCORRÊNCIA. VIOLAÇÃO AO ART. 619, DO CPP. INEXISTÊNCIA. RECURSO ESPECIAL. REEXAME DE PROVAS. SÚMULA 7-STJ. RECOLHIMENTO DE CONTRIBUIÇÃO SOCIAL. PAGAMENTO. INEXISTÊNCIA. ART. 34, DA LEI Nº 9.249/95. PACTO DE SÃO JOSÉ DA COSTA RICA. INAPLICABILIDADE.
> (...)
> 4 – O crime decorrente da omissão no recolhimento de contribuições previdenciárias não se equivale à prisão por dívida, daí porque se afigura inaplicável o Pacto de São José da Costa Rica.
> 5 – Recurso especial não conhecido.[114]

Da mesma forma é a posição do Supremo Tribunal Federal:

> HABEAS CORPUS. APROPRIAÇÃO INDÉBITA PREVIDENCIÁRIA. CONDUTA PREVISTA COMO CRIME. INCONSTITUCIONALIDADE INEXISTENTE. VALORES NÃO RECOLHIDOS. PRINCÍPIO DA INSIGNIFICÂNCIA. INAPLICABILIDADE AO CASO CONCRETO. ORDEM DENEGADA. 1. A norma penal incriminadora da omissão no recolhimento de contribuição previdenciária – art. 168-A do Código Penal – é perfeitamente válida. Aquele que o pratica não é submetido à prisão

---

[113] BUENO, Paulo Eduardo. Considerações sobre o Crime de Apropriação Indébita de Contribuições Previdenciárias. *Revista Jurídica da Universidade de Franca*, ano 2, nº 2, Franca: Universidade de Franca, julho 1999, p. 174.

[114] BRASIL. Superior Tribunal de Justiça. Recurso Especial nº 208527 / SC, Sexta Turma, Rel. Min. Fernando Gonçalves, julgado em 03.12.2001.

civil por dívida, mas sim responde pela prática do delito em questão. Precedentes. 2. Os pacientes deixaram de recolher contribuições previdenciárias em valores muito superiores àquele previsto no art. 4º da Portaria MPAS 4910/99, invocada pelo impetrante. O mero fato de a denúncia contemplar apenas um dos débitos não possibilita a aplicação do art. 168-A, § 3º, II, do Código Penal, tendo em vista o valor restante dos débitos a executar, inclusive objeto de outra ação penal. 3. Ordem denegada.[115]

A despeito da jurisprudência já pacificada, entendemos de forma diversa. A criminalização de condutas que visem unicamente à satisfação de uma dívida, no caso um crédito tributário em favor do Instituto Nacional do Seguro Social – INSS, não encontram respaldo na Constituição Federal, por violação direta à proibição da prisão por dívidas.

A evolução da legislação que disciplina a possibilidade de extinção da punibilidade do agente pelo pagamento do tributo devido é a maior prova de que o único e verdadeiro intuito da penalização de condutas que tenham por escopo o não-recolhimento ou o não-repasse de tributos de qualquer espécie é utilizar o direito penal como meio de coerção para que o contribuinte cumpra com suas obrigações tributárias.

O Supremo Tribunal Federal, através do voto do Ministro Sepúlveda Pertence, em julgamento de *habeas corpus* que firmou posição de que o pagamento do tributo, a qualquer tempo, extingue a punibilidade do agente, em razão do disposto na Lei nº 10.684/2003, deixou bem clara a posição ora adotada: "Assinalo, apenas, que a nova lei tornou escancaradamente clara que a repressão penal nos 'crimes contra a ordem tributária' é apenas uma forma reforçada de execução fiscal".[116]

---

[115] BRASIL. Supremo Tribunal Federal. *Habeas Corpus* nº 91704 / PR, Segunda Turma, Rel. Min. Joaquim Barbosa, julgado em 06.05.2008.
[116] BRASIL. Supremo Tribunal Federal, 1ª Turma, *Habeas Corpus* nº 81.929-0/RJ, Rel. Min. César Peluso, julgado em 16.12.2003, DJ 27.02.2004.

Ora, tratando-se de uma "forma reforçada de execução fiscal", parece-nos óbvio que se está tratando de criminalização de uma dívida, e não de uma conduta que meramente acarrete, como conseqüência necessária, uma dívida.

De outra banda, não procede o argumento de que não se estaria diante de uma prisão civil, mas de uma prisão eminentemente penal, eis que, se não é possível a prisão civil por dívidas, com menos razão o seria a prisão penal, em homenagem ao princípio da intervenção mínima e da subsidiariedade do direito penal.

Portanto, entendemos inconstitucional a criminalização de condutas que visem exclusivamente à arrecadação tributária, por configurar previsão legal de pena de prisão por dívida, vedada pela Constituição Federal e pelo Pacto de San José de Costa Rica.

3.2. O prévio exaurimento da via administrativa como condição de procedibilidade da ação penal

Outra questão muito controvertida é a necessidade, ou não, do encerramento definitivo do processo administrativo que tenha por objeto a constituição do crédito tributário, como condição de procedibilidade da ação penal.

Primeiramente, necessário se faz analisarmos o que significa a constituição definitiva do crédito tributário, para depois verificarmos se isso constitui, ou não, condição de procedibilidade da ação penal.

3.2.1. Da constituição do crédito tributário

A constituição definitiva do crédito tributário se dá pelo lançamento, atividade esta de competência privativa da autoridade administrativa, conforme disposto no artigo 142, primeira parte, do Código Tributário Nacional.

Consoante elucida o ilustre jurista Paulo de Barros Carvalho, o lançamento tributário é

> (...) o ato jurídico administrativo, da categoria dos simples, constitutivos e vinculados, mediante o qual se insere na ordem jurídica brasileira u'a norma individual e concreta, que tem como antecedente o fato jurídico tributário e, como conseqüente, a formalização do vínculo obrigacional, pela individualização dos sujeitos ativo e passivo, a determinação do objeto da prestação, formado pela base de cálculo e correspondente alíquota, bem como pelo estabelecimento dos termos espaço-temporais em que o crédito há de ser exigido.[117]

No mesmo sentido é a lição de Hugo de Brito Machado, para quem o lançamento

> (...) é o procedimento administrativo tendente a verificar a ocorrência do fato gerador da obrigação correspondente, identificar o seu sujeito passivo, determinar a matéria tributável e calcular ou por outra forma definir o montante do crédito tributário, aplicando, se for o caso, a penalidade cabível.[118]

Nesse contexto, tem-se que o lançamento é constitutivo do crédito tributário, tendo o condão, no entanto, apenas de declarar a obrigação correspondente. Ou seja, sem que haja o lançamento tributário, não há crédito tributário. É aquele que dá existência a este.

Há três modalidades de lançamento, quais sejam, de ofício, por declaração e por homologação, que passamos a analisar.

3.2.2. Do lançamento por homologação

Nos termos do artigo 150 do Código Tributário Nacional, o lançamento por homologação, que ocorre quanto aos tributos cuja legislação atribua ao sujeito passivo o dever de antecipar o pagamento sem prévio exame da auto-

---

[117] CARVALHO, Paulo de Barros. *Curso de Direito Tributário*, 16ª ed., São Paulo: Saraiva, 2004, p. 386.
[118] MACHADO, Hugo de Brito. *Curso de Direito Tributário*. São Paulo: Malheiros, 2006, p. 191.

ridade administrativa, opera-se pelo ato em que a referida autoridade, tomando conhecimento da atividade assim exercida pelo obrigado, expressamente a homologa.

Consoante magistério de Hugo de Brito Machado, a

> (...) constituição do crédito tributário é da competência privativa da autoridade administrativa. Só esta pode fazer o lançamento. Ainda que ela apenas homologue o que o sujeito passivo efetivamente fez, como acontece nos casos do art. 150 do CTN, que cuida do lançamento dito por homologação. Sem essa homologação não existirá, juridicamente, o lançamento, e não estará por isto mesmo constituído o crédito tributário.[119]

Hugo de Brito Machado Segundo refere que, "concordando com a atividade desenvolvida pelo sujeito passivo, o Fisco a homologará, se exata, ou procederá ao lançamento de ofício em caso contrário".[120]

Esclarece Hugo de Brito Machado, ainda, que ocorre a revisão de ofício de um lançamento por homologação quando,

> (...) depois da homologação consubstanciada em algum ato através do qual a autoridade administrativa manifesta-se pela exatidão do valor apurado pelo contribuinte, e que faz existente o lançamento como procedimento administrativo, a autoridade constata um erro que a justifica. (...) Nesses casos, tem-se consumado o lançamento por homologação, e, se mais tarde alguma irregularidade é constatada antes de consumada a decadência, pode dar-se, de ofício, a revisão desse lançamento.[121]

O lançamento por homologação é, então, aquela atividade da autoridade administrativa que, ao tomar conhecimento da atividade exercida pelo sujeito passivo da obrigação tributária, homologa-a, uma vez que ocorre em relação aos tributos cuja legislação atribua ao sujeito passi-

---

[119] MACHADO, Hugo de Brito. *Curso de Direito Tributário*. São Paulo: Malheiros, 2006, p. 190.
[120] MACHADO SEGUNDO, Hugo de Brito. *Processo Tributário*. São Paulo: Atlas, 2004, p. 73.
[121] MACHADO, Hugo de Brito. *Op. cit.*, p. 198.

vo o dever de antecipar o pagamento sem prévio exame da competente autoridade.

3.2.3. Do lançamento por declaração

Consoante dispõe o artigo 147 do Código Tributário Nacional, o lançamento é efetuado com base na declaração do sujeito passivo ou de terceiro, quando um ou outro, na forma da legislação tributária, presta à autoridade administrativa informações sobre matéria de fato, indispensáveis à sua efetivação.

Na lição de Ricardo Lobo Torres, "ocorre o lançamento por declaração quando o contribuinte declara ao Fisco a ocorrência do fato gerador e lhe fornece as informações necessárias à apuração do tributo devido".[122]

É possível que se proceda à retificação da declaração, quando presente erro de fato, desde que antes da notificação. Do contrário, as informações errôneas poderão ser revistas de ofício pela autoridade administrativa, na esteira do disposto nos parágrafos do dispositivo legal supracitado.

3.2.4. Do lançamento de ofício

O lançamento e a revisão de ofício vêm disciplinados no artigo 149 do Código Tributário Nacional. Nesse contexto, o lançamento é feito ou revisado, de ofício, quando a lei assim determinar ou quando ocorrer uma das hipóteses previstas nos incisos do referido dispositivo legal.

Segundo magistério de Ricardo Lobo Torres,

> O lançamento e a revisão *ex officio* em geral se fazem através da lavratura do auto de infração. A iniciativa da autoridade administrativa constitui uma exceção ao princípio da irrevisibilidade do lançamento e

---

[122] TORRES, Ricardo Lobo. *Curso de Direito Financeiro e Tributário*. Rio de Janeiro: Renovar, 2004, p. 278.

apenas se justifica quando o contribuinte age com má-fé, dolo ou simulação (...).[123]

Hugo de Brito Machado[124] aduz, ainda, que "diz-se o lançamento *de ofício* quando é feito por iniciativa da autoridade administrativa, independentemente de qualquer colaboração do sujeito passivo". E complementa, lembrando que "qualquer tributo pode ser lançado de ofício, desde que não tenha sido lançado regularmente na outra modalidade".

Definidas as três modalidades de lançamento tributário, mister se faz analisar de que forma se dá a constituição definitiva do respectivo crédito, no que diz respeito às contribuição previdenciárias ora em análise, para que seja possível analisar se somente após ela é que será possível o início de eventual persecução penal, constituindo-se a mesma em condição de procedibilidade da ação penal.

3.2.5. A constituição definitiva do crédito tributário como condição de procedibilidade da ação penal

No que concerne especificamente às contribuições previdenciárias, ressalte-se os ensinamentos de Hugo de Brito Machado:

> O lançamento das contribuições sociais é feito, em regra, por homologação. O sujeito passivo antecipa o pagamento respectivo sem que a autoridade administrativa tenha examinado os elementos com base nos quais foi a mesma calculada. Como ocorre com os tributos em geral, também essas contribuições podem ser objeto de lançamento de ofício.[125]

Não obstante, o artigo 5º, inciso LIV, da Constituição Federal, estabelece o princípio do devido processo legal,

---

[123] TORRES, Ricardo Lobo. *Curso de Direito Financeiro e Tributário*. Rio de Janeiro: Renovar, 2004, p. 279.

[124] MACHADO, Hugo de Brito. *Curso de Direito Tributário*. São Paulo: Malheiros, 2006, p. 194-195.

[125] Idem, p. 429.

segundo o qual, conforme lição de Hugo de Brito Machado Segundo, "ninguém poderá ser privado da liberdade ou de seus bens senão através de um processo regulado por normas legais previamente estabelecidas, que assegurem a igualdade material das partes em conflito".[126]

Consoante magistério desse mesmo doutrinador,

> (...) o princípio em referência deve orientar não apenas o processo judicial, mas também o processo administrativo de controle de legalidade do lançamento. Daí extrai-se que o cidadão tem direito à existência de um processo administrativo de controle da legalidade dos atos do poder público (...). Tem direito, ainda, a que esse processo desenvolva-se de maneira equilibrada e razoável.[127]

Tem-se, pois, que o processo administrativo de impugnação do auto de lançamento deve observar o procedimento previsto em lei, a fim de que seja observado o princípio do devido processo legal.

Nessa senda, o processo administrativo fiscal pode ser classificado, conforme o seu objetivo, nas seguintes espécies: a) determinação e exigência do crédito tributário; b) consulta; c) repetição de indébito; d) parcelamento de débito; e e) reconhecimento de direitos.[128] O processo administrativo fiscal de determinação e exigência do crédito tributário, que ora nos interessa, apresenta duas fases distintas: a) unilateral ou não contenciosa; e b) bilateral, contenciosa ou litigiosa.[129]

A fase não contenciosa é essencial no caso de lançamento de ofício de qualquer tributo. Inicia-se com o primeiro ato escrito da autoridade competente para fazer o lançamento, sendo pressuposto de sua existência a cientificação do sujeito passivo da obrigação tributária. Essa fase encerra-se com a lavratura de um termo de encerramento,

---

[126] MACHADO SEGUNDO, Hugo de Brito. *Processo Tributário*. São Paulo, Atlas, 2004, p. 52.
[127] Idem, ibidem.
[128] MACHADO, Hugo de Brito. *Curso de Direito Tributário*. São Paulo: Malheiros, 2006, p. 456.
[129] Idem, p. 457.

o qual é acompanhado de um auto de infração, quando alguma infração à legislação tributária é apurada.[130]

A segunda fase, ou seja, a fase contenciosa, começa com a impugnação do lançamento, vale dizer, com a impugnação da exigência formulada no auto de infração. Seguem-se os atos de instrução do processo, como a realização de diligências e de perícias, quando necessários, e o julgamento em primeira instância. Da decisão do órgão de primeiro grau, geralmente monocrático, cabe recurso para um órgão superior, geralmente um colegiado. A depender da estrutura deste, pode ainda haver um recurso especial, cuja finalidade essencial é preservar a uniformidade dos julgados do órgão.[131]

Portanto, tem-se, de um lado, que a constituição definitiva do crédito tributário, que se dá pelo lançamento, constitui atividade de competência privativa da autoridade administrativa; de outro, a constituição definitiva do crédito tributário apenas se dá com o encerramento do processo administrativo, que deve respeitar os ditames constitucionais do devido processo legal.

Assim, até que encerrado por completo o processo administrativo, sem que haja possibilidade de rediscussão da matéria ainda naquela esfera, não há que se falar em crédito tributário, eis que ainda não definitivamente constituído.

Nesse sentido são os ensinamentos de Tathiane dos Santos Piscitelli, que, tratando dos delitos contra a ordem tributária, mas que se aplica perfeitamente aos crimes contra a previdência social, eis que também tributos sujeitos a lançamento, de forma privativa, pela autoridade administrativa, refere que

---

[130] MACHADO, Hugo de Brito. *Curso de Direito Tributário*. São Paulo: Malheiros, 2006, *in passim*.
[131] Idem, ibidem.

(...) somente com a constituição de relação jurídica tributária pela autoridade competente (Administração) é que se pode falar em supressão ou redução de tributos para fins de configuração dos crimes contra a ordem tributária classificados como "materiais". Todavia, caso o sujeito passivo apresente impugnação ao lançamento, será emitida nova norma individual e concreta que irá retirar a eficácia da primeira, introduzida pelo lançamento. Dessa feita, e com retomada da exigibilidade do crédito tributário, estará verificada a revogação da norma que suspende a eficácia técnica da norma de lançamento tributário, podendo o sujeito ativo levar adiante a cobrança do tributo. Neste momento, apenas, poderá se falar em ação penal: o tributo foi declarado como devido, inexistindo qualquer norma que impeça a incidência da norma que contém aquela declaração. Daí se afirmar, pois, que o término do processo administrativo é requisito para a configuração dos crimes aqui tratados.[132]

Consoante lição de Luiz Flávio Gomes e de Alice Bianchini,

Enquanto tramita o processo (ou recurso) administrativo, o débito tributário ainda não está devidamente reconhecido (a materialidade da relação tributária não está constituída), levando a que se ressinta de um dos requisitos constitutivos do delito imputado aos réus, qual seja, *tributo, contribuição social, ou qualquer acessório devido*. Inexiste, assim, prova inequívoca da tipicidade, o que resulta na falta de justa causa para a proposituda da ação penal.[133]

Em outra oportunidade, Luiz Flávio Gomes, agora tratando especificamente de crimes previdenciários, afirma que

Afigura-se mais do que justa e equilibrada, em síntese, a regra de que, nas hipóteses assinaladas, unicamente depois de constituído de modo

---

[132] PISCITELLI, Tathiane dos Santos. *A Decisão Administrativa Tributária Final como Condição para a Incidência da Norma que Relata o Crime Contra a Ordem Tributária*, in TANGERINO, Davi Paiva Costa (coord.). *Direito Penal Tributário*, São Paulo: Editora Quartier Latin do Brasil, 2007, p. 81.
[133] GOMES, Luiz Flávio; BIANCHINI, Alice. *Prévio Exaurimento da Via Administrativa e Crimes Tributários*, in PEIXOTO, Marcelo Magalhães *et al* (coord.). *Direito Penal Tributário*, São Paulo: MP Editora, 2005, p. 293.

definitivo o tributo *devido* é que se possa iniciar o processo criminal. É uma questão de coerência e de segurança jurídicas.[134]

O Supremo Tribunal Federal pacificou a questão, através do julgamento do *Habeas Corpus* n° 81.611 / DF,[135] assim ementado:

> Crime material contra a ordem tributária (L. 8137/90, art. 1º): lançamento do tributo pendente de decisão definitiva do processo administrativo: falta de justa causa para a ação penal, suspenso, porém, o curso da prescrição enquanto obstada a sua propositura pela falta do lançamento definitivo. 1. Embora não condicionada a denúncia à representação da autoridade fiscal (ADInMC 1571), falta justa causa para a ação penal pela prática do crime tipificado no art. 1º da L. 8137/90 – que é material ou de resultado –, enquanto não haja decisão definitiva do processo administrativo de lançamento, quer se considere o lançamento definitivo uma condição objetiva de punibilidade ou um elemento normativo de tipo. 2. Por outro lado, admitida por lei a extinção da punibilidade do crime pela satisfação do tributo devido, antes do recebimento da denúncia (L. 9249/95, art. 34), princípios e garantias constitucionais eminentes não permitem que, pela antecipada propositura da ação penal, se subtraia do cidadão os meios que a lei mesma lhe propicia para questionar, perante o Fisco, a exatidão do lançamento provisório, ao qual se devesse submeter para fugir ao estigma e às agruras de toda sorte do processo criminal. 3. No entanto, enquanto dure, por iniciativa do contribuinte, o processo administrativo suspende o curso da prescrição da ação penal por crime contra a ordem tributária que dependa do lançamento definitivo.

Não obstante, recentemente, em novo enfrentamento da matéria, no entanto em relação ao delito de apropriação indébita previdenciária, o Supremo Tribunal Federal decidiu da mesma forma, senão vejamos:

> APROPRIAÇÃO INDÉBITA PREVIDENCIÁRIA – CRIME – ESPÉCIE. A apropriação indébita disciplinada no artigo 168-A do Código Penal consubstancia crime omissivo material e não simplesmente formal. INQUÉRITO – SONEGAÇÃO FISCAL – PROCESSO ADMINISTRATIVO.

---

[134] GOMES, Luiz Flávio. *Crimes Previdenciários*. São Paulo: Editora Revista dos Tribunais, 2001, p. 101.

[135] BRASIL. Supremo Tribunal Federal. *Habeas Corpus* n° 81.611 / DF, Tribunal Pleno, Rel. Min. Sepúlveda Pertence, julgado em 10.12.2003.

Estando em curso processo administrativo mediante o qual questionada a exigibilidade do tributo, ficam afastadas a persecução criminal e – ante o princípio da não-contradição, o princípio da razão suficiente – a manutenção de inquérito, ainda que sobrestado.[136]

Portanto, cabendo privativamente à autoridade administrativa a constituição do crédito tributário, atividade esta que tem o escopo de afirmar a efetiva existência ou não de tributo eventualmente devido, nele incluídas as contribuições previdenciárias, não há justa causa para a instauração de inquérito policial ou ação penal, para persecução penal do crime de apropriação indébita previdenciária, sem que esteja definitivamente encerrado o processo administrativo em questão.

3.3. A dificuldade financeira da empresa como justificativa do réu

Outra questão muito debatida versa sobre as dificuldades financeiras da empresa como justificativa para a exclusão do crime de apropriação indébita previdenciária. Diante da elevada carga tributária que assola a grande maioria dos empresários, além de outros fatores socioeconômicos que afetam o setor empresarial, muitas vezes o empresário, sem dinheiro suficiente em caixa, opta, de boa-fé, por pagar salários, em detrimento do recolhimento de impostos.

Conforme bem salientado por Jefferson Aparecido Dias,

> Assim, mesmo o empresário de boa-fé, que procura sempre honrar os compromissos e deveres legais, muitas vezes, no intuito de conservar

---

[136] BRASIL. Supremo Tribunal Federal. Agravo Regimental no Inquérito nº 2.537 – 2 / GO, Tribunal Pleno, Rel. Min. Marco Aurélio, julgado em 10.03.2008.

viva a empresa, coloca-se diante de dois ou mais valores, entre os quais é preciso escolher um em detrimento de outros.[137]

Nesse contexto, a discussão gira em torno do fato de as dificuldades financeiras enfrentadas pela empresa terem ou não o condão de excluir a pretensão punitiva do Estado, no caso de não recolhimento de contribuições previdenciárias descontadas dos seus empregados.

A jurisprudência nacional tem admitido a tese das dificuldades financeiras da empresa, como causa justificadora da conduta do agente. Consoante leciona José Paulo Baltazar Júnior,

> A pura e simples desconsideração da situação financeira da empresa não é, de fato, admissível. O crime deve ser considerado em todas as suas circunstâncias, na riqueza do caso concreto. (...) Quer dizer, não se pode, de modo simplista, afirmar que o empresário impossibilitado de recolher os tributos deverá fechar a empresa, pois aquele é o seu ganha-pão, do que também dependem os empregados (...), assim garantindo aplicabilidade aos princípios do valor social do trabalho e da dignidade da pessoa humana.[138]

A doutrina divide-se, no entanto, quanto aos efeitos penais da justificativa de não recolhimento de tributos, em razão das dificuldades financeiras da empresa, ou seja, se tais dificuldades econômicas, quando cabalmente demonstradas, excluiriam a tipicidade, a ilicitude ou a culpabilidade.

Uma parcela da doutrina entende que a impossibilidade de recolhimento das contribuições previdenciárias teria o condão de afastar o elemento subjetivo do tipo, ou seja, o dolo. Esse é o entendimento de André Elali e de Evandro Zaranza, senão vejamos:

> A empresa em evidentes dificuldades (...), que não cumpre o repasse imediato, deve honrar seus compromissos e, em momento posterior, proceder ao repasse. Com isto, deve assumir quaisquer ônus inciden-

---

[137] DIAS, Jefferson Aparecido. *Crime de Apropriação Indébita Previdenciária*. 2ª ed., Curitiba: Juruá, 2008, p. 111.
[138] BALTAZAR JÚNIOR, José Paulo. *Crimes Federais*. Porto Alegre: Livraria do Advogado, 2006, p. 37.

tes sobre o descumprimento da legislação, mas não pratica, com dolo, qualquer ilícito criminal.[139]

E mais adiante, concluem os citados autores pela atipicidade da conduta:

> Pelo exposto, conclui-se que o crime de apropriação indébita previdenciária, tal qual previsto no art. 168-A do Código Penal Brasileiro, somente se caracteriza com a modalidade dolosa, constituindo-se situação atípica aquela em que a empresa, por dificuldades financeiras, não procede ao repasse das contribuições relativas aos rendimentos pagos ao segurado, hipótese em que inexiste vantagem financeira em favor dos sócios e/ou de seus administradores.[140]

No mesmo sentido é a posição de Luiz Flávio Gomes, para quem, considerando-se que

> (...) a real possibilidade de agir faz parte da própria essência da conduta omissiva típica, o fundamento da absolvição deveria ser outro: falta de *tipicidade do crime omissivo*. Em outras palavras: a real capacidade de agir nos crimes omissivos integra a própria essência da tipicidade. Na sua ausência, o fato é atípico. E com isso dispensa-se a análise da culpabilidade.[141]

No entanto, para José Paulo Baltazar Júnior, não estaríamos diante de uma situação de atipicidade da conduta, uma vez que,

> (...) para a teoria finalista, o dolo é informado pela "consciência e vontade de realizar os elementos subjetivos do tipo" (...). Quer dizer, havendo consciência – ou compreensão – do fato (conduta, resultado e relação causal), bem como vontade de praticá-lo, estará presente o dolo. Transportando tais elementos para o crime em exame, quando o agente deixar de recolher a contribuição, por sua livre vontade, com a consciência de que está assim agindo, estará presente o dolo, que não é afastado pela situação de dificuldade financeira, pois isto não afeta a consciência

---

[139] ELALI, André; ZARANZA, Evandro. *Descaracterização do Crime de Apropriação Indébita Previdenciária por Ausência de Recursos Financeiros da Empresa*, in PEIXOTO, Marcelo Magalhães *et al* (coord.). *Direito Penal Tributário*, São Paulo: MP Editora, 2005, p. 42.
[140] Idem, p. 48.
[141] GOMES, Luiz Flávio. *Crimes Previdenciários*. São Paulo: Revista dos Tribunais, 2001, p. 47.

nem a vontade de se omitir, nem tampouco impede materialmente a realização do devido.[142]

Outros doutrinadores sustentam, no entanto, que as dificuldades financeiras da empresa excluiriam a ilicitude da conduta, uma vez que estaríamos diante de uma situação de estado de necessidade. Segundo Jefferson Aparecido Dias,

> Essa tese parte da premissa de que a carga tributária elevada, somada às freqüentes crises ou instabilidades financeiras, obriga alguns empresários a deixar de recolher seus tributos, não de forma espontânea e consciente, mas impelidos por circunstâncias às quais não deram causa e visando garantir a sobrevivência de suas empresas.[143]

José Paulo Baltazar Júnior também discorda em considerar as dificuldades financeiras da empresa como excludente de ilicitude, senão vejamos:

> Não há que falar, tampouco, em exclusão da ilicitude pelo estado de necessidade, tal como definido no art. 24 do Código Penal. Em primeiro lugar, não há aqui a situação de perigo, entendida esta como risco a um bem jurídico, a não ser que se entenda haver perigo de possibilidade de desativação da empresa. Depois, exige-se que o perigo não tenha sido causado pelo sujeito. Ora, o risco é imanente à atividade empresarial, caracterizada exatamente pela incerteza do sucesso. Como ninguém é obrigado a constituir uma empresa, tem-se que é o próprio agente que se coloca na situação de "perigo". Não pode, tampouco, existir o dever legal de enfrentar o perigo, quando é dever do sócio fazê-lo. Por fim, exige-se a inevitabilidade do comportamento lesivo, que também não se faz presente, em regra, no caso da omissão de recolhimento, pois o administrador poderá: a) tomar empréstimos bancários; b) vender os bens da empresa ou pessoais; c) despedir os empregados, ou; d) desativar a empresa.[144]

De fato, entendemos não ser caso de exclusão da tipicidade, eis que o não-recolhimento das contribuições previ-

---

[142] BALTAZAR JÚNIOR, José Paulo. *Crimes Federais*. Porto Alegre: Livraria do Advogado, 2006, p. 39.

[143] DIAS, Jefferson Aparecido. *Crime de Apropriação Indébita Previdenciária*. 2ª ed., Curitiba: Juruá, 2008, p. 113.

[144] BALTAZAR JÚNIOR, José Paulo. *Crimes Federais*. Porto Alegre: Livraria do Advogado, 2006, p. 39.

denciárias trata-se de decisão administrativa da empresa, deliberada, que faz uma ponderação de princípios, e escolhe a atitude a ser tomada, de forma consciente e de livre vontade. Não há que se falar, assim, em ausência de dolo.

Por outro lado, não se trata, igualmente, de estado de necessidade, que excluiria a ilicitude da conduta do agente. Conforme leciona Francisco de Assis Toledo, citando Jescheck, "é o estado de necessidade a situação de perigo atual, para interesses legítimos, que só pode ser afastada por meio da lesão de interesses de outrem, igualmente legítimos".[145]

Da mesma forma, Guilherme de Souza Nucci define estado de necessidade como sendo "o sacrifício de um interesse juridicamente protegido, para salvar de perigo atual e inevitável o direito do próprio agente ou de terceiro, desde que outra conduta, nas circunstâncias concretas, não fosse razoavelmente exigível".[146]

No caso de dificuldades financeiras da empresa, não estamos diante da excludente de ilicitude por estado de necessidade, eis que o perigo deve ser atual, ou seja, imediato, não se autorizando a invocação da excludente quando se tratar de perigo iminente. Ora, a quebra ou falência da empresa é evento futuro e, ainda que seja provável, é incerto, não configurando perigo atual.

Ainda, no que diz respeito ao estado de necessidade, "podendo afastar-se do perigo ou podendo evitar a lesão, deve o autor do fato necessariamente (sic) fazê-lo. No campo do estado de necessidade, impõe-se a fuga, sendo ela possível",[147] sendo, portanto, de caráter subsidiário.

Nessa senda, qualquer possibilidade de se afastar o perigo deve ser preferida ao sacrifício do direito alheio,

---

[145] TOLEDO, Francisco de Assis. *Princípios Básicos de Direito Penal*. 5ª ed., São Paulo: Saraiva, 2001, p. 175.
[146] NUCCI, Guilherme de Souza. *Manual de Direito Penal*. 4ª ed., São Paulo: Revista dos Tribunais, 2008, p. 242.
[147] Idem, p. 246.

dispondo o empresário, nesse caso, de meios para fazê-lo, conforme bem salientado por José Paulo Baltazar Júnior, acima citado.

Ademais, o sacrifício do bem ameaçado deve ser proporcional, ou seja, somente admite-se o sacrifício de um bem jurídico de igual ou menor relevância do que o bem salvo. Nesse ponto, entendemos que, por se tratar de bem jurídico supra-individual, qual seja, a Previdência Social, este é de maior relevância do que a sobrevivência da empresa, cujo comprometimento, ainda que provável, como já salientado, é incerto.

De outra banda, entendemos que a dificuldade financeira da empresa constitui causa supra legal de exclusão da culpabilidade, qual seja, a inexigibilidade de conduta diversa.

Francisco de Assis Toledo, definindo a inexigibilidade de conduta diversa, afirma que

(...) não age culpavelmente – nem deve ser portanto penalmente responsabilizado pelo fato – aquele que, no momento da ação ou da omissão, não poderia, nas circunstâncias, ter agido de outro modo, porque, dentro do que nos é comumente revelado pela humana experiência, não lhe era exigível comportamento diverso.[148]

Consoante leciona André Luís Callegari,

Nestes casos, é dizer de extrema dificuldade financeira, em que o sujeito já não tem mais recursos financeiros e, tampouco patrimônio, outra conduta não se poderia exigir deste, pois caso repassasse as contribuições previdenciárias não só suportaria um sacrifício excessivo como também sacrificaria, muitas vezes, diversas pessoas que perderiam o emprego, e tal conduta, além de não poder se exigir, não se coaduna com o moderno Direito Penal.[149]

---

[148] TOLEDO, Francisco de Assis. *Princípios Básicos de Direito Penal*. 5ª ed., São Paulo: Saraiva, 2001, p. 328.

[149] CALLEGARI, André Luís. Considerações sobre o Art. 168-A do Código Penal – Apropriação Indébita Previdenciária, *in* SALOMÃO, Heloisa Estellita (coord.). *Direito Penal Empresarial*, São Paulo: Dialética, 2001, p. 39.

De fato, nas situações de grave dificuldade da empresa, o não-recolhimento das contribuições sociais configura inexigibilidade de conduta diversa, eis que não seria exigível do agente que sacrificasse sua empresa, fonte de renda sua e de sua família, bem como fonte de subsistência de seus empregados, em prol da satisfação tributária.

Ressalte-se, no entanto, que a jurisprudência nacional dominante entende que, "para que incida a causa supralegal de exclusão da culpabilidade relacionada às dificuldades financeiras, deve restar cabalmente demonstrada a absoluta impossibilidade do cumprimento da obrigação nas épocas próprias".[150] Exige-se, assim, prova cabal e robusta acerca da impossibilidade de honrar com as suas obrigações tributárias, para que incida a causa de exclusão da culpabilidade em apreço.

3.4. A natureza jurídico-penal do crime de apropriação indébita previdenciária e o dolo do agente: crime de omissão material?

Já tivemos oportunidade de referir[151] que o crime de apropriação indébita previdenciária descreve a conduta devida, precedida pelo verbo "deixar de", o que demonstra tratar-se de crime omissivo, em que todas as condutas contrárias àquela ali definida são ilícitas. Não obstante, referimos ser a conduta mista, uma vez que a configuração do tipo penal pressupõe uma conduta comissiva, consistente em descontar do pagamento efetuado a segurados ou o efetivo recolhimento das contribuições dos contribuintes,

---

[150] BRASIL. Tribunal Regional Federal da 4ª Região, Apelação Criminal nº 2001.70.00.001062-0, Oitava Turma, Rel. Des. Élcio Pinheiro de Castro, publicado em 29/09/2004.
[151] Ver item 2.3.1.

por exemplo, e a posterior omissão em deixar de repassar os valores à Previdência Social.

Resta-nos, no entanto, analisar qual a natureza jurídica do delito em questão, quanto ao seu resultado, ou seja, se o crime de apropriação indébita previdenciária constitui delito formal, consumando-se, portanto, com o mero não-recolhimento das contribuições sociais, ou se é crime material, dependendo, então, de um resultado naturalístico para a sua consumação, o que, ademais, possui estreita relação com a problemática do dolo do agente que pratica alguma das condutas previstas no artigo 168-A do Código Penal.

Grande parte da doutrina tem entendido ser o tipo penal em questão um crime formal, em que a consumação não pressupõe um resultado naturalístico, mas se dá com a simples omissão em deixar de repassar as contribuições à Previdência Social.

Consoante José Paulo Baltazar Júnior,

> Segundo a doutrina dominante, cuida-se de crime omissivo próprio (TRF1, HC 200101000222783, Maria de Fátima de Paula Pessoa Costa (Conv.), 19.6.01) e formal, ou seja, independe de um resultado naturalístico para sua consumação. (...) De acordo com esse entendimento, o crime seria omissivo próprio, ou de pura omissão, ou de simples omissão, assim entendido aquele que consiste em omitir um fato que a lei ordena, independentemente de um resultado posterior.[152]

No entanto, conforme lição de Jefferson Aparecido Dias,

> No sentido contrário, entende-se que o aludido crime exige, para sua caracterização, a ocorrência de um resultado naturalístico, tendo em vista que o efetivo desconto das contribuições sociais pelo sujeito ativo é condição objetiva prevista no tipo legal. Dessa forma, a consumação do delito ocorre com o exaurimento do prazo legal para o responsável tributário recolher as contribuições sociais à Previdência Social, mas pressupõe o efetivo desconto das mesmas do segurado.[153]

---

[152] BALTAZAR JÚNIOR, José Paulo. *Crimes Federais*. Porto Alegre: Livraria do Advogado, 2006, p. 27.
[153] DIAS, Jefferson Aparecido. *Crime de Apropriação Indébita Previdenciária*. 2ª ed., Curitiba: Juruá, 2008, p. 51.

Ainda, Celso Delmanto afirma, quanto à consumação do delito, que:

> Tratando-se, como entendemos, de crime material, ocorre no momento em que o agente que recolheu (descontou) a contribuição deixa de repassá-la à Previdência Social, no prazo e na forma legal ou convencional, usufruindo o sujeito ativo, a partir de então, desse valor como se fosse seu ou de sua empresa.[154]

A jurisprudência nacional vinha adotando, de forma majoritária, a posição que considera o crime de apropriação indébita previdenciária como delito formal, consumando-se com a simples omissão no recolhimento das contribuições sociais, não importando se essas foram efetivamente descontadas dos segurados.

Nesse sentido, por exemplo, é o seguinte acórdão oriundo do Tribunal Regional Federal da 1ª Região:

> Penal. Não recolhimento de contribuições previdenciárias. Lei 8.212, art. 95, alínea "d". art. 168-A, do Código Penal. Crime omissivo próprio. Constitucionalidade. Materialidade. Autoria. Dificuldades financeiras. Demonstração. Inexistência. Continuidade delitiva. Dosimetria das penas. Multa. Parâmetros. Apelação parcialmente provida.
> I – O crime de não recolhimento ou de não repasse à Previdência de contribuições sociais, descontadas dos salários dos empregados, na forma própria de apropriação indébita, que, há muito tempo, tem merecido tratamento de crime de mera conduta, ou crime omissivo próprio, aperfeiçoa-se pelo simples fato de não recolher ou deixar de recolher ou não repassar a importância devida aos cofres da previdência social, o que, por si só, já opera o resultado delituoso.
> (...).[155]

Recentemente, o Supremo Tribunal Federal, acenando para uma possível mudança no entendimento, julgou Agravo Regimental em Inquérito Policial, no seguinte sentido:

---

[154] DELMANTO, Celso et al. *Código Penal Comentado*. 6ª ed., Rio de Janeiro: Renovar, 2004, p. 386.

[155] BRASIL. Tribunal Regional Federal da 1ª Região, Apelação Criminal nº 199836000030700 / MT, 3ª Turma, Rel. Des. Plauto Ribeiro, julgado em 22.06.2004.

APROPRIAÇÃO INDÉBITA PREVIDENCIÁRIA – CRIME – ESPÉCIE. A apropriação indébita disciplinada no art. 168-A do Código Penal consubstancia crime omissivo material e não simplesmente formal. INQUÉRITO – SONEGAÇÃO FISCAL – PROCEDIMENTO ADMINISTRATIVO. Estando em curso processo administrativo mediante o qual questionada a exigibilidade do tributo, ficam afastadas a persecução criminal e – ante o princípio da não contradição, o princípio da razão suficiente – a manutenção do inquérito, ainda que sobrestado.[156]

Conforme se percebe, constou na ementa do julgado acima colacionado que o Tribunal Pleno do Supremo Tribunal Federal entendeu, à unanimidade, ser o crime de apropriação indébita previdenciária, previsto no artigo 168-A do Código Penal, "crime omissivo material e não simplesmente formal".

No entanto, cumpre analisarmos o inteiro teor do referido acórdão, eis que, ao que nos parece, o entendimento de que se trataria de "crime de omissão material" não restou realmente pacificado, como faz crer a ementa do mesmo.

Primeiramente, saliente-se que, da leitura do acórdão, tem-se que o tema principal ali debatido é se haveria ou não justa causa para a manutenção do inquérito policial, ainda que sobrestado, ante a existência de processo administrativo que discute a exigibilidade do crédito tributário respectivo, a qual estaria suspensa, o que trouxe à baila a discussão acerca da natureza jurídica do delito em questão.

Isso ocorreu, pois a Procuradoria-Geral da República, discordando da decisão do Ministro Marco Aurélio Mello, relator do processo, que determinou o arquivamento do inquérito policial, ante a inexistência de decisão definitiva em processo administrativo que discute a exigibilidade do crédito tributário, interpôs agravo regimental, alegando, em síntese, que, "no caso, o delito em jogo é o do artigo

---

[156] BRASIL. Supremo Tribunal Federal. Agravo Regimental no Inquérito nº 2.537 - 2 / GO, Tribunal Pleno, Rel. Min. Marco Aurélio, julgado em 10.03.2008.

168-A do Código Penal, de natureza formal, cuja consumação não exige a constituição definitiva do crédito".[157]

No entanto, votando pela rejeição do agravo regimental, o Ministro Relator aduz que

> (...) a denominada apropriação indébita previdenciária não consubstancia crime formal, mas omissivo material. A leitura do artigo 168-A do Código Penal revela que se tem como elemento da prática delituosa deixar de repassar contribuições previdenciárias. Indispensável, portanto, a ocorrência de apropriação de valores, com inversão da posse respectiva. O objeto jurídico protegido é o patrimônio da previdência social no que se deixa, em ato de apropriação glosado penalmente, de recolher valores.[158]

O Ministro Cezar Peluso, contrariando a tese do Ministro relator, afirma que "este caso de apropriação indébita previdenciária não pode ser equiparado ao dos delitos materiais de débito tributário, porque aqui o núcleo do tipo (...) se compõe de dois verbos (...): primeiro, descontar; segundo, deixar de recolher".[159]

E, mais adiante, os mencionados Ministros chegam a uma conclusão:

> O SENHOR MINISTRO CEZAR PELUSO – Aqui, devo ser mais rigoroso. Acho que o ato não se equipara aos delitos materiais de crime tributário.
> O SENHOR MINISTRO MARCO AURÉLIO (RELATOR) – O delito tem natureza de delito omissivo material. Não é simplesmente formal.
> O SENHOR MINISTRO CEZAR PELUSO – Simplesmente formal, não.
> O SENHOR MINISTRO MARCO AURÉLIO (RELATOR) – Por isso há apropriação indevida.[160]

Portanto, temos que a conclusão a que chegaram os Ministros do Supremo Tribunal Federal é de que o crime de apropriação indébita previdenciária não caracteriza delito simplesmente formal.

---

[157] BRASIL. Supremo Tribunal Federal. Agravo Regimental no Inquérito nº 2.537 – 2 / GO, Tribunal Pleno, Rel. Min. Marco Aurélio, julgado em 10.03.2008, p. 3.
[158] Idem, p. 5-6.
[159] Idem, p. 7.
[160] Idem, p. 12.

Ora, não sendo crime simplesmente formal, algo de material deve conter, o que, em nosso entender, tendo em vista tratar-se de conduta mista, conforme já salientado, é a necessidade de que haja a inversão indevida da posse, com efetivo dano à Previdência Social.

Nesse contexto, toma grande relevância a questão do dolo exigido no crime em questão. A doutrina majoritária vinha entendendo que o dolo exigido no delito de apropriação indébita previdenciária seria apenas genérico, não sendo necessária a presença do *animus rem sibi habendi*. Essa é a lição, por exemplo, de Zenildo Bodnar, senão vejamos:

> Para a caracterização do delito basta o dolo geral, consistente na vontade de não repassar aos cofres da previdência o valor das contribuições devidas pelo empregado no prazo legal. Nesse crime não se exige o dolo específico, ou seja, o *animus rem sibi habendi*, ao contrário do delito de apropriação indébita comum.[161]

A jurisprudência dominante também vinha se posicionando nesse sentido:

> RECURSO ORDINÁRIO EM HABEAS CORPUS. APROPRIAÇÃO INDÉBITA PREVIDENCIÁRIA. INÉPCIA DA DENÚNCIA: DESCRIÇÃO GENÉRICA. FALTA DE JUSTA CAUSA. EXIGÊNCIA DE DOLO ESPECÍFICO (ANIMUS REM SIBI HABENDI). OFENSA AO PRINCÍPIO DA ANTERIODADE DA LEI. ALEGAÇÕES IMPROCEDENTES. 1. A denúncia que descreve os fatos delituosos e aponta seus autores não é inepta. Na espécie, o paciente e sua sócia foram denunciados pelo não-repasse à Previdência Social das contribuições previdenciárias descontadas dos empregados, omissão que o paciente confessou ter conhecimento. 2. Ao contrário do crime de apropriação indébita comum, o delito de apropriação indébita previdenciária não exige, para sua configuração, o animus rem sibi habendi. 3. Inocorrência de ofensa ao princípio da anterioridade da lei: a jurisprudência desta corte firmou-se no sentido de que "[o] artigo 3º da Lei n. 9.983/2000 apenas transmudou a base legal da imputação do crime da alínea 'd' do artigo 95 da Lei n.

---

[161] BODNAR, Zenildo. *Crimes contra a Previdência Social*. Disponível em <http://www.revistadoutrina.trf4.jus.br/index.htm?http://www.revistadoutrina.trf4.jus.br/artigos/edicao019/Zenildo_Bodnar.htm>. Acesso em 13 de setembro de 2008.

8.212/1991 para o artigo 168-A do Código Penal, sem alterar o elemento subjetivo do tipo, que é o dolo genérico'. É dizer: houve continuidade normativo-típica. Recurso ordinário em habeas corpus a que se nega provimento.[162]

No entanto, parcela da jurisprudência nacional já sustentava a necessidade da comprovação do especial *animus* de agir, senão vejamos:

> Penal. Apropriação indébita previdenciária. Recolhimento e não repasse de contribuições. Inocorrência do *animus rem sibi habendi*. Impossibilidade real de agir.
> (...)
> Com a edição da Lei 9.983/00 e conseqüente revogação do art. 95, alínea "d" da Lei nº 8.212/91, assim a inserção do tipo no Código Penal no art. 168-A, os debates que cercavam o tipo penal do delito em tela tenho que restam pacificados.
> O capítulo é o da apropriação indébita e, como a lei deve ser interpretada de forma sistemática, deve-se conjugar título e capítulo com seu conteúdo, quais sejam, os artigos.
> Desse modo, ironicamente, para todos os que sempre negaram essa intenção legislativa, agora o crime é modalidade de apropriação indébita, como mesmo indica o texto legal e o *nomen juris*.
> Assim, conforme já exaustivamente demonstrado, o crime perfaz-se com a presença indubitável do dolo específico referente ao *animus rem sibi habendi* (a vontade de apropriação da coisa alheia, sem pretensão de restituí-la), de modo que, não demonstrado tal elemento subjetivo pela acusação, resta-se atípico o fato.
> Com efeito, tal exegese vem ratificar e corroborar por completo este entendimento, qual seja, a necessidade da presença do dolo na indevida apropriação, além do não recolhimento.
> (...).[163]

De fato, caracterizando o delito em questão crime não meramente formal, conforme novel entendimento do Supremo Tribunal Federal já exposto, necessária se faz a

---

[162] BRASIL. Supremo Tribunal Federal, RO-HC 88.144-1, Segunda Turma, Rel. Min. Eros Grau, julgado em 04.04.2006.
[163] BRASIL. Tribunal Regional Federal da 2ª Região, Apelação Criminal nº 9902002463 / RJ, 1ª Turma, Rel. Juiz Federal Ney Fonseca, julgado em 10.12.2001.

presença do especial dolo de agir, voltado à apropriação indevida dos valores efetivamente descontados dos segurados e utilizados em benefício próprio. Do contrário, não há que se falar em subsunção do fato à norma respectiva.

Portanto, para que se tenha por configurado o delito de apropriação indébita previdenciária, é necessário que o agente tenha efetivamente recolhido as contribuições previdenciárias dos segurados, e tenha delas se apropriado indevidamente, com a efetiva inversão da posse e com dolo específico voltado para tal ato, bem como tendo utilizado o valor respectivo em benefício próprio ou de sua empresa, deixando de repassá-lo aos cofres previdenciários, acarretando, assim, efetivo dano à Previdência Social.

Conclusão

O delito de apropriação indébita previdenciária, previsto no artigo 168-A do Código Penal, conforme já bem explicitado, foi introduzido no ordenamento jurídico-penal brasileiro, nos termos hoje vigentes, pela Lei nº 9.983, de 14 de julho de 2000.

A discussão doutrinária e jurisprudencial acerca de sua natureza jurídica, ou seja, se constituiria o delito em questão um crime formal ou um crime material, é de grande relevância, eis que, conforme a posição que se adota, as conseqüências são diversas, influindo diretamente, inclusive, no desenvolvimento da instrução processual.

Nesse contexto, o presente trabalho visou a, basicamente, utilizando-se da doutrina nacional e estrangeira, bem como da jurisprudência pátria, analisar os principais aspectos concernentes ao delito de apropriação indébita previdenciária, previsto no artigo 168-A do Código Penal, principalmente no que diz respeito a temas polêmicos, dentre os quais a natureza jurídica do mesmo, levando em consideração a novel jurisprudência do Supremo Tribunal Federal, consubstanciada no julgamento do Agravo Regimental em Inquérito Policial nº 2.537-2/GO, em cuja ementa refere ser a apropriação indébita previdenciária crime de omissão material.

Para tanto, necessário se fez proceder-se a uma detalhada análise acerca do tipo penal em questão, desde a sua evolução histórico-legislativa, até os aspectos jurídico-penais que envolvem a descrição das condutas puníveis previstas no tipo penal, quando foi possível constatarmos, por exemplo, que a extinção da punibilidade no crime de apropriação indébita previdenciária se dá pelo pagamento integral do crédito tributário, a qualquer tempo, ainda que após o recebimento da denúncia.

Da mesma forma, concluiu-se que a conduta descrita no delito de apropriação indébita previdenciária constitui conduta mista, ou seja, a par da omissão no recolhimento das contribuições sociais aos cofres previdenciários, a configuração do tipo penal pressupõe uma conduta comissiva anterior, consistente, por exemplo, em efetivamente descontar as contribuições sociais do pagamento efetuado a segurados ou em proceder-se ao efetivo recolhimento das contribuições dos contribuintes.

Posteriormente, procedeu-se à análise de alguns aspectos de grande relevância e, por isso mesmo, muito controvertidos, acerca do tipo penal em questão, quais sejam, a) a configuração ou não de vício de inconstitucionalidade do delito, por configurar previsão de prisão por dívida, b) o prévio exaurimento da via administrativa como condição de procedibilidade da ação penal, c) as dificuldades financeiras como justificativa apresentada pelo réu e, por fim, d) a natureza jurídico-penal do crime de apropriação indébita previdenciária.

Quanto ao aspecto de estarmos ou não diante de uma verdadeira prisão por dívidas, concluímos que, tratando-se de uma "forma reforçada de execução fiscal", conforme explicitado pelo próprio Supremo Tribunal Federal, trata-se de verdadeira criminalização de uma dívida, sendo inconstitucional toda e qualquer criminalização de condutas que visem exclusivamente à arrecadação tributária, por configurar previsão legal de pena de prisão por dívida, vedada pela Constituição Federal e pelo Pacto de San José de Costa Rica.

Outrossim, cabendo privativamente à autoridade administrativa a constituição do crédito tributário, atividade esta que tem o escopo de afirmar a efetiva existência ou não de tributo eventualmente devido, nele incluídas as contribuições previdenciárias, não há justa causa para a instauração de inquérito policial ou ação penal, para persecução penal do crime de apropriação indébita previdenciária, sem que esteja definitivamente encerrado o processo administrativo em questão.

Ainda, no que diz respeito às dificuldades financeiras da empresa como justificativa apresentada pelo réu, conclui-se que, em tais situações, quando cabalmente comprovadas, o não-recolhimento das contribuições sociais configura inexigibilidade de conduta diversa, eis que não seria exigível do agente que sacrificasse sua empresa, fonte de renda sua e de sua família, bem como fonte de subsistência de seus empregados, em prol da satisfação tributária.

Por fim, tratamos da natureza jurídica do delito em questão, o que consiste nosso objetivo primordial. Conforme bem explicitado, a discussão gira em torno de saber se o crime de apropriação indébita previdenciária constitui delito formal, consumando-se, portanto, com o mero não-recolhimento das contribuições sociais, ou se é crime material, dependendo, então, de um resultado naturalístico para a sua consumação, o que, ademais, possui estreita relação com a problemática do dolo do agente que pratica alguma das condutas previstas no artigo 168-A do Código Penal.

Tivemos a oportunidade de verificar, também, que o Supremo Tribunal Federal, quando do julgamento do Agravo Regimental em Inquérito Policial nº 2.537-2 / GO, entendeu, de forma unânime, que o crime de apropriação indébita previdenciária não caracteriza delito simplesmente formal. E, portanto, não sendo crime simplesmente formal, algo de material deve conter, o que, em nosso entender, tendo em vista tratar-se de conduta mista, é a necessidade de que haja a inversão indevida da posse, com efetivo dano à Previdência Social, exigindo-se, ainda, o especial fim de agir.

Portanto, para que se tenha por configurado o delito de apropriação indébita previdenciária, é necessário que o agente tenha efetivamente recolhido as contribuições previdenciárias dos segurados, e tenha delas se apropriado indevidamente, com a efetiva inversão da posse e com dolo específico voltado para tal ato, bem como tendo utilizado o valor respectivo em benefício próprio ou de sua empresa, deixando de repassá-lo aos cofres previdenciários, acarretando, assim, efetivo dano à Previdência Social.

Referências bibliográficas

ALONSO, Leonardo. A Aplicabilidade da Regra de Extinção da Punibilidade pelo Pagamento do Chamado REFIS II para os Crimes de Apropriação Indébita Previdenciária (art. 168-A do CP). *Revista da Associação Brasileira de Professores de Ciências Penais*, n° 1, ano 1, São Paulo: Editora Revista dos Tribunais, julho-dezembro de 2004.

ARENA FILHO, Paulo Ricardo. Observações Sobre a Aplicação do Perdão Judicial No Crime de Apropriação Indébita Previdenciária (Art. 168-A, § 3°, Incs. I e II, CP). *Boletim IBCCRIM* n° 96, ano 8, São Paulo: IBCCRIM, novembro 2000.

BALTAZAR JÚNIOR, José Paulo. *Crimes Federais*. Porto Alegre: Livraria do Advogado, 2006.

BARBOSA, Rui. *Oração aos Moços / O Dever do Advogado*. 2ª ed. Campinas: Russell Editores, 2005.

BATISTA, Nilo. *Introdução Crítica ao Direito Penal Brasileiro*. 5ª ed. Rio de Janeiro: Revan, 2001.

BODNAR, Zenildo. *Crimes contra a Previdência Social*. Disponível em <http://www.revistadoutrina.trf4.jus.br/index.htm?http://www.revistadoutrina.trf4.jus.br/artigos/edicao019/Zenildo_Bodnar.htm>. Acesso em 13 de setembro de 2008.

BRASIL. Legislação Brasileira. *Site* da Presidência da República Federativa do Brasil. Disponível em <http://www.presidencia.gov.br/legislação>. Acesso em julho/setembro de 2008.

——. Superior Tribunal de Justiça, 6ª Turma, Recurso Ordinário no *Habeas Corpus* n° 17.367/SP, Rel. Min. Hélio Quaglia Barbosa, julgado em 17.11.2005, DJ 05.12.2005, p. 378.

——. Superior Tribunal de Justiça. Recurso Especial n° 208527 / SC, Sexta Turma, Rel. Min. Fernando Gonçalves, julgado em 03.12.2001.

——. Supremo Tribunal Federal, 1ª Turma, *Habeas Corpus* n° 81.929-0/RJ, Rel. Min. César Peluso, julgado em 16.12.2003, DJ 27.02.2004, p. 27.

——. Supremo Tribunal Federal, 2ª Turma, *Habeas Corpus* n° 83.936-3/TO, Rel. Min. Joaquim Barbosa, julgado em 31.08.2004, DJ 25.02.2005, p. 35.

——. Supremo Tribunal Federal, RO-HC 88.144-1, Segunda Turma, Rel. Min. Eros Grau, julgado em 04.04.2006.

——. Supremo Tribunal Federal. Agravo Regimental no Inquérito nº 2.537 – 2 / GO, Tribunal Pleno, Rel. Min. Marco Aurélio, julgado em 10.03.2008.

——. Supremo Tribunal Federal. *Habeas Corpus* nº 76.978 – RS, Segunda Turma, Rel. Min. Maurício Corrêa, julgado em 29.09.1998.

——. Supremo Tribunal Federal. *Habeas Corpus* nº 81.611 / DF, Tribunal Pleno, Rel. Min. Sepúlveda Pertence, julgado em 10.12.2003.

——. Supremo Tribunal Federal. *Habeas Corpus* nº 91704 / PR, Segunda Turma, Rel. Min. Joaquim Barbosa, julgado em 06.05.2008.

——. Tribunal Regional Federal da 1ª Região, Apelação Criminal nº 199836000030700 / MT, 3ª Turma, Rel. Des. Plauto Ribeiro, julgado em 22.06.2004.

——. Tribunal Regional Federal da 4ª Região, Apelação Criminal nº 2005.04.01.009856-0, Oitava Turma, Rel. Des. Élcio Pinheiro de Castro, publicado em 09.11.2005.

——. Tribunal Regional Federal da 4ª Região, Apelação Criminal nº 2001.70.00.001062-0, Oitava Turma, Rel. Des. Élcio Pinheiro de Castro, publicado em 29/09/2004.

BUENO, Paulo Eduardo. Considerações sobre o Crime de Apropriação Indébita de Contribuições Previdenciárias. *Revista Jurídica da Universidade de Franca*, ano 2, nº 2, Franca: Universidade de Franca, julho 1999.

CALLEGARI, André Luís. Considerações sobre o Art. 168-A do Código Penal – Apropriação Indébita Previdenciária. In: SALOMÃO, Heloisa Estellita (coord.). *Direito Penal Empresarial*, São Paulo: Dialética, 2001.

CARVALHO, Paulo de Barros. *Curso de Direito Tributário*. 16ª ed. São Paulo: Saraiva, 2004.

CASTRO, Wellington Cláudio Pinho de. Apropriação Indébita Previdenciária. *Revista da Associação dos Juízes Federais do Brasil – AJUFE* nº 63, ano 19, Brasília: AJUFE, jan/jun 2001.

CORRÊA, Antonio. *Dos Crimes Contra a Ordem Tributária (Comentários à Lei n. 8.137, de 27-12-1990)*. São Paulo: Saraiva, 1996.

DARIVA, Paulo; MEDEIROS, Eduardo Braga. A (In)Dependência das Esferas Administrativa e Judicial no Delito de Cartel: Reflexos Judiciais da Decisão do CADE. *Revista Magister de Direito Penal e Processual Penal*, vol. 24, Porto Alegre: Editora Magister Ltda., junho/julho 2008, p. 27-42.

DELMANTO, Celso *et al*. *Código Penal Comentado*. 6ª ed., Rio de Janeiro: Renovar, 2004.

DIAS, Jefferson Aparecido. *Crime de Apropriação Indébita Previdenciária*. 2ª ed., Curitiba: Juruá, 2008.

EISELE, Andreas. *Crimes contra a Ordem Tributária*. São Paulo: Dialética, 2002.

ELALI, André; ZARANZA, Evandro. *Descaracterização do Crime de Apropriação Indébita Previdenciária por Ausência de Recursos Financeiros da Empresa*, in PEIXOTO, Marcelo Magalhães *et al* (coord.). *Direito Penal Tributário*, São Paulo: MP Editora, 2005.

FERNANDES, Petra Monteiro. Breves Considerações sobre o Crime de Abuso de Confiança em Relação à Seguridade Social e o seu Paradigma na Legislação Brasileira – o Crime de Apropriação Indébita Previdenciária. *In* COSTA, José de Faria; SILVA, Marco Antonio Marques da. *Direito Penal Especial, Processo*

Penal e Direitos Fundamentais – Visão Luso-Brasileira. São Paulo: Editora Quartier Latin do Brasil, 2006.

FERRARI, Eduardo Reale. *Legislação Penal Antitruste: Direito Penal Econômico e sua Acepção Constitucional. "in"* REALE, Miguel et. al. (coord.), *Experiências do Direito.* Campinas: Millennium, 2004.

———. *Medidas de Segurança e Direito Penal no Estado Democrático de Direito.* São Paulo: Revista dos Tribunais, 2001.

GOMES, Luiz Flávio. *Crimes Previdenciários.* São Paulo: Revista dos Tribunais, 2001.

———. Medidas de Segurança e Seus Limites. *Revista de Ciências Criminais*, ano 1, n. 2, p. 64-72, abr./jun. 1993.

GOMES, Luiz Flávio; BIANCHINI, Alice. *Prévio Exaurimento da Via Administrativa e Crimes Tributários, in* PEIXOTO, Marcelo Magalhães *et al* (coord.). *Direito Penal Tributário.* São Paulo: MP Editora, 2005.

LENZA, Pedro. *Direito Constitucional esquematizado.* 10ª ed. São Paulo: Editora Método, 2006.

MACHADO, Hugo de Brito. *Curso de Direito Tributário.* 27ª ed. São Paulo: Malheiros, 2006.

MACHADO SEGUNDO, Hugo de Brito. *Processo Tributário.* São Paulo: Atlas, 2004.

MARTINEZ, Wladimir Novaes. *Comentários à Lei Básica da Previdência Social – Tomo II – Plano de Benefícios.* 6ª ed. São Paulo: LTr, 2003.

———. *Os Crimes Previdenciários no Código Penal.* São Paulo: LTr, 2001.

MONTEIRO, Antônio Lopes. *Crimes Contra a Previdência Social.* 2ª ed. São Paulo: Saraiva, 2003.

MORAES, Alexandre de. *Direito Constitucional.* 12. ed. São Paulo: Atlas, 2002.

NUCCI, Guilherme de Souza. *Código Penal Comentado.* 6ª ed. São Paulo: Revista dos Tribunais, 2006.

———. *Manual de Direito Penal.* 4ª ed., São Paulo: Revista dos Tribunais, 2008.

PISCITELLI, Tathiane dos Santos. A Decisão Administrativa Tributária Final como Condição para a Incidência da Norma que Relata o Crime Contra a Ordem Tributária. In: TANGERINO, Davi Paiva Costa (coord.). *Direito Penal Tributário.* São Paulo: Editora Quartier Latin do Brasil, 2007.

PODVAL, Roberto; MANDEL, Paula Kahan. Crimes de Apropriação Indébita e de Sonegação de Contribuição Previdenciária – Comentários Críticos à Lei nº 9.983, de 14/07/00. *Revista Dialética de Direito Tributário*, nº 65, São Paulo, fevereiro 2001.

PRADO, Luiz Régis. Acerca do tipo de injusto de apropriação indébita previdenciária. *Ensaios Penais em homenagem ao Professor Alberto Rufino Rodrigues de Souza.* Org. Ney Fayet Júnior, Porto Alegre: Ricardo Lenz, 2003.

———. *Direito Penal Econômico.* São Paulo: Revista dos Tribunais, 2004.

SALOMÃO, Heloisa Estellita. "Novos Crimes Previdenciários" – Lei nº 9.983, de 14 de julho de 2000: Primeiras Impressões. *Revista Dialética de Direito Tributário*, nº 64, São Paulo, janeiro 2001.

———. Crimes Previdenciários: Arts. 168-A e 337-A do CP – Aspectos Gerais. *Revista Brasileira de Ciências Criminais*, nº 36, ano 9, São Paulo: Editora Revista dos Tribunais, out/dez 2001.

SCHMIDT, Andrei Zenkner. *Exclusão da Punibilidade em Crimes de Sonegação Fiscal*. Rio de Janeiro: Lumen Juris, 2003.

TOLEDO, Francisco de Assis. *Princípios Básicos de Direito Penal*. 5ª ed. São Paulo: Saraiva, 2001.

TORRES, Ricardo Lobo. *Curso de Direito Financeiro e Tributário*. Rio de Janeiro: Renovar, 2004.

VÁSQUEZ, Manuel A. Abanto. El Principio de <certeza> en las leyes penales en blanco – Especial referencia a los delitos económicos. *Revista Peruana de Ciencias Penales*, Año V, nº 9.

ZAFFARONI, Eugenio Raúl; PIERANGELI, José Henrique. *Manual de Direito Penal Brasileiro – Parte Geral*. 4ª ed. São Paulo: Revista dos Tribunais, 2002.

Anexo I

LEI Nº 9.983, DE 14 DE JULHO DE 2000

Altera o Decreto-Lei nº 2.848, de 7 de dezembro de 1940 – Código Penal e dá outras providências.

O PRESIDENTE DA REPÚBLICA
Faço saber que o Congresso Nacional decreta e eu sanciono a seguinte Lei:

Art. 1º São acrescidos à Parte Especial do Decreto-Lei nº 2.848, de 7 de dezembro de 1940 – Código Penal, os seguintes dispositivos:
"Apropriação indébita previdenciária" (AC)'
"Art. 168-A. Deixar de repassar à previdência social as contribuições recolhidas dos contribuintes, no prazo e forma legal ou convencional:" (AC)
"Pena – reclusão, de 2 (dois) a 5 (cinco) anos, e multa". (AC)
"§ 1º Nas mesmas penas incorre quem deixar de:" (AC)
"I – recolher, no prazo legal, contribuição ou outra importância destinada à previdência social que tenha sido descontada de pagamento efetuado a segurados, a terceiros ou arrecadada do público;" (AC)
"II – recolher contribuições devidas à previdência social que tenham integrado despesas contábeis ou custos relativos à venda de produtos ou à prestação de serviços;" (AC)
"III – pagar benefício devido a segurado, quando as respectivas cotas ou valores já tiverem sido reembolsados à empresa pela previdência social". (AC)
"§ 2º É extinta a punibilidade se o agente, espontaneamente, declara, confessa e efetua o pagamento das contribuições, importâncias ou valores e presta as informações devidas à previdência social, na forma definida em lei ou regulamento, antes do início da ação fiscal". (AC)

"§ 3º É facultado ao juiz deixar de aplicar a pena ou aplicar somente a de multa se o agente for primário e de bons antecedentes, desde que:" (AC)

"I – tenha promovido, após o início da ação fiscal e antes de oferecida a denúncia, o pagamento da contribuição social previdenciária, inclusive acessórios; ou" (AC)

"II – o valor das contribuições devidas, inclusive acessórios, seja igual ou inferior àquele estabelecido pela previdência social, administrativamente, como sendo o mínimo para o ajuizamento de suas execuções fiscais". (AC)

"Inserção de dados falsos em sistema de informações" (AC)

"Art. 313-A. Inserir ou facilitar, o funcionário autorizado, a inserção de dados falsos, alterar ou excluir indevidamente dados corretos nos sistemas informatizados ou bancos de dados da Administração Pública com o fim de obter vantagem indevida para si ou para outrem ou para causar dano:" (AC)

"Pena – reclusão, de 2 (dois) a 12 (doze) anos, e multa". (AC)

"Modificação ou alteração não autorizada de sistema de informações" (AC)

"Art. 313-B. Modificar ou alterar, o funcionário, sistema de informações ou programa de informática sem autorização ou solicitação de autoridade competente:" (AC)

"Pena – detenção, de 3 (três) meses a 2 (dois) anos, e multa". (AC)

"Parágrafo único. As penas são aumentadas de um terço até a metade se da modificação ou alteração resulta dano para a Administração Pública ou para o administrado". (AC)

"Sonegação de contribuição previdenciária" (AC)

"Art. 337-A. Suprimir ou reduzir contribuição social previdenciária e qualquer acessório, mediante as seguintes condutas:" (AC)

"I – omitir de folha de pagamento da empresa ou de documento de informações previsto pela legislação previdenciária segurados empregado, empresário, trabalhador avulso ou trabalhador autônomo ou a este equiparado que lhe prestem serviços;" (AC)

"II – deixar de lançar mensalmente nos títulos próprios da contabilidade da empresa as quantias descontadas dos segurados ou as devidas pelo empregador ou pelo tomador de serviços;" (AC)

"III – omitir, total ou parcialmente, receitas ou lucros auferidos, remunerações pagas ou creditadas e demais fatos geradores de contribuições sociais previdenciárias:" (AC)

"Pena – reclusão, de 2 (dois) a 5 (cinco) anos, e multa". (AC)

"§ 1º É extinta a punibilidade se o agente, espontaneamente, declara e confessa as contribuições, importâncias ou valores e presta as informações devidas à previdência social, na forma definida em lei ou regulamento, antes do início da ação fiscal". (AC)

"§ 2º É facultado ao juiz deixar de aplicar a pena ou aplicar somente a de multa se o agente for primário e de bons antecedentes, desde que:" (AC)

"I – (VETADO)"

"II – o valor das contribuições devidas, inclusive acessórios, seja igual ou inferior àquele estabelecido pela previdência social, administrativamente, como sendo o mínimo para o ajuizamento de suas execuções fiscais". (AC)

"§ 3º Se o empregador não é pessoa jurídica e sua folha de pagamento mensal não ultrapassa R$ 1.510,00 (um mil, quinhentos e dez reais), o juiz poderá reduzir a pena de um terço até a metade ou aplicar apenas a de multa". (AC)

"§ 4º O valor a que se refere o parágrafo anterior será reajustado nas mesmas datas e nos mesmos índices do reajuste dos benefícios da previdência social". (AC)

Art. 2º Os arts. 153, 296, 297, 325 e 327 do Decreto-Lei nº 2.848, de 1940, passam a vigorar com as seguintes alterações:

"Art. 153. ...."

"§ 1º-A. Divulgar, sem justa causa, informações sigilosas ou reservadas, assim definidas em lei, contidas ou não nos sistemas de informações ou banco de dados da Administração Pública:" (AC)

"Pena – detenção, de 1 (um) a 4 (quatro) anos, e multa." (AC)

"§ 1º (parágrafo único original).."

"§ 2º Quando resultar prejuízo para a Administração Pública, a ação penal será incondicionada." (AC)

"Art. 296. ...."

"§ 1º ...."

"III – quem altera, falsifica ou faz uso indevido de marcas, logotipos, siglas ou quaisquer outros símbolos utilizados ou identificadores de órgãos ou entidades da Administração Pública." (AC)

" ...."

"Art. 297. ...."

"§ 3º Nas mesmas penas incorre quem insere ou faz inserir:" (AC)

"I – na folha de pagamento ou em documento de informações que seja destinado a fazer prova perante a previdência social, pessoa que não possua a qualidade de segurado obrigatório;" (AC)

"II – na Carteira de Trabalho e Previdência Social do empregado ou em documento que deva produzir efeito perante a previdência social, declaração falsa ou diversa da que deveria ter sido escrita;" (AC)

"III – em documento contábil ou em qualquer outro documento relacionado com as obrigações da empresa perante a previdência social, declaração falsa ou diversa da que deveria ter constado." (AC)

"§ 4º Nas mesmas penas incorre quem omite, nos documentos mencionados no § 3º, nome do segurado e seus dados pessoais, a remuneração, a vigência do contrato de trabalho ou de prestação de serviços." (AC)
"Art. 325. ...."
"§ 1º Nas mesmas penas deste artigo incorre quem:" (AC)
"I – permite ou facilita, mediante atribuição, fornecimento e empréstimo de senha ou qualquer outra forma, o acesso de pessoas não autorizadas a sistemas de informações ou banco de dados da Administração Pública;" (AC)
"II – se utiliza, indevidamente, do acesso restrito." (AC)
"§ 2º Se da ação ou omissão resulta dano à Administração Pública ou a outrem:" (AC)
"Pena – reclusão, de 2 (dois) a 6 (seis) anos, e multa." (AC)
"Art. 327. ...."
"§ 1º Equipara-se a funcionário público quem exerce cargo, emprego ou função em entidade paraestatal, e quem trabalha para empresa prestadora de serviço contratada ou conveniada para a execução de atividade típica da Administração Pública." (NR)
".."

Art. 3º O art. 95 da Lei nº 8.212, de 24 de julho de 1991, passa a vigorar com a seguinte redação:
"Art. 95. *Caput*. Revogado."
"a) revogada;"
"b) revogada;"
"c) revogada;"
"d) revogada;"
"e) revogada;"
"f) revogada;"
"g) revogada;"
"h) revogada;"
"i) revogada;"
"j) revogada."
"§ 1º Revogado."
"§ 2º ...."
"a) ...."
"b) ...."
"c) ...."
"d) ...."
"e) ...."
"f) ...."
"§ 3º Revogado."
"§ 4º Revogado."

"§ 5º Revogado."
Art. 4º Esta Lei entra em vigor noventa dias após a data de sua publicação.

Brasília, 14 de julho de 2000; 179º da Independência e 112º da República.

FERNANDO HENRIQUE CARDOSO
José Gregori
Waldeck Ornelas

Anexo II

Supremo Tribunal Federal
Coordenadoria de Análise de Jurisprudência
DJe n° 107 Divulgação 12/06/2008 Publicação 13/06/2008
Ementário n° 2323 -1

10/03/2008 TRIBUNAL PLENO

AG. REG. NO INQUÉRITO 2.537-2 GOIÁS

RELATOR: MIN. MARCO AURÉLIO
AGRAVANTE (S): MINISTÉRIO PÚBLICO FEDERAL
AGRAVADO (A/S): PEDRO WILSON GUIMARÃES
ADVOGADO (A/S): JOSÉ DO CARMO ALVES SIQUEIRA E OUTRO (A/S)
AGRAVADO (A/S): JOSIAS PEDRO SOARES
ADVOGADO (A/S): LUIZ CARLOS ORRO DE FREITAS

APROPRIAÇÃO INDÉBITA PREVIDENCIÁRIA – CRIME – ESPÉCIE. A apropriação indébita disciplinada no artigo 168-A do Código Penal consubstancia crime omissivo material e não simplesmente formal.
INQUÉRITO-SONEGAÇÃO FISCAL – PROCESSO ADMINISTRATIVO. Estando em curso processo administrativo mediante o qual questionada a exigibilidade do tributo, ficam afastadas a persecução criminal e – ante o princípio da não-contradição, o princípio da razão suficiente – a manutenção de inquérito, ainda que sobrestado.

ACÓRDÃO

Vistos, relatados e discutidos estes autos, acordam os ministros do Supremo Tribunal Federal em conhecer do recurso e negar-lhe provimento, nos termos do voto do relator e por unanimidade, em sessão presidida pela ministra Ellen Gracie, na conformidade da ata do julgamento e das respectivas notas taquigráficas.

Brasilia, 10 de março de 2008.

MARCO AURÉLIO -RELATOR

RELATÓRIO

O SENHOR MINISTRO MARCO AURÉLIO – À folha 188, determinei o arquivamento do inquérito, consignando:

INQUÉRITO – SONEGAÇÃO FISCAL – PROCESSO ADMINISTRATIVO – INADEQUAÇÃO.

1. Eis as informações prestadas pelo Gabinete:
Mediante o pronunciamento de folha 183, o Ministério Público Federal requer o sobrestamento dos autos "até o desfecho do procedimento administrativo fiscal, com a expedição de oficio à Receita Federal para que informe e encaminhe a essa Corte a decisão definitiva da ação fiscal, com a conseqüente constituição do crédito tributário, em definitivo".
Os autos estão conclusos a Vossa Excelência.

2. A existência de processo administrativo para elucidar sonegação fiscal deságua não em simples suspensão de inquérito, mas na inviabilidade deste – Inquéritos nº 2.092-3/SP e 2.220-9/, relatados pelo ministro Gilmar Mendes, acórdãos publicados, respectivamente, no Diário da Justiça de 1º e 22 de agosto de 2005.
O inquérito é o embrião da ação penal e se esta, ante o processo administrativo fiscal referido, não pode ser proposta, não há como ter-se latente aquele, no que não deixa de repercutir, ainda que isso ocorra na via indireta, na vida do envolvido.

3. Ante o quadro, arquivem.

4. Publiquem.
Daí o agravo de folha 193 a 195, no qual o Procurador-Geral da República alega que, no caso, o delito em jogo é o do artigo 168-A do Código Penal, de

natureza formal, cuja consumação não exige a constituição definitiva do crédito. Discorre sobre a controvérsia, esclarecendo que Pedro Wilson Guimarães e Josias Pedro Soares foram denunciados pela prática do crime do artigo 168-A do citado diploma legal, por não terem repassado ao órgão previdenciário valores recolhidos da Companhia de Urbanização de Goiânia, referentes às contribuições para a previdência social destacadas em notas fiscais de serviço. Rejeitada a denúncia, o Ministério Público ingressou com recurso em sentido estrito, tendo os denunciados oferecido contra-razões. Constatou-se, no entanto, que Pedro Wilson Guimarães fora diplomado deputado federal, o que ensejou a remessa do processo a esta Corte.

O agravante entende que, dada a incompetência do Juízo de primeiro grau quando os denunciados apresentaram as contra-razões, o procedimento adequado seria intimá-los para a ratificação do ato, passando-se ao julgamento do recurso em sentido estrito. Reconhece que a diligência requerida às folhas 163 e 164 só seria pertinente se se tratasse de crime material, caso em que a situação do procedimento administrativo-fiscal poderia influir no julgamento do recurso. Afirma ter o pedido induzido o relator em erro e pleiteia a reconsideração da decisão e o prosseguimento do processo com o julgamento do recurso em sentido estrito.

É o relatório.

VOTO

O SENHOR MINISTRO MARCO AURÉLIO (RELATOR) – Na interposição deste agravo, foram observados os pressupostos de recorribilidade. A peça, subscrita pelo Procurador-Geral da República, foi protocolada no prazo legal. Conheço.

O pedido de seqüência do inquérito conflita com pronunciamentos anteriores do Ministério Público. Às folhas 163 e 164, preconizou o Órgão diligência no sentido de expedir-se ofício à Delegacia da Receita Previdenciária de Goiânia para que informasse a eventual conclusão do processo administrativo-fiscal. A diligência foi implementada, vindo a notícia de encontrar-se suspensa a exigibilidade do tributo ante o processo administrativo em curso – folha 180. Então, o Ministério Público opinou pelo sobrestamento do inquérito, até aqui simples inquérito, por não ter sido a denúncia recebida pelo Juízo federal – folha 183.

Admitam a evolução no que pleiteados, no agravo, a seqüência e o julgamento do recurso em sentido estrito interposto. O Ministério Público parte de equívoco: a denominada apropriação indébita previdenciária não consubstancia crime formal, mas omissivo material. A leitura do artigo 168-A do Código

Penal revela que se tem como elemento da prática delituosa deixar de repassar contribuições previdenciárias. Indispensável, portanto, a ocorrência de apropriação dos valores, com inversão da posse respectiva. O objeto jurídico protegido é o patrimônio da previdência social no que se deixa, em ato de apropriação glosado penalmente, de recolher valores. Ora, pendente recurso administrativo em que se discute a exigibilidade do tributo, tem-se como inviável a propositura da ação penal, a seqüência quanto ao incidente alusivo ao recebimento da denúncia apresentada. Nem mesmo a manutenção do inquérito – com o sobrestamento antes preconizado – torna-se possível, sob pena de, sem motivo agasalhado pela ordem jurídica, preservar-se situação que degrada o contribuinte, que denigre o perfil do contribuinte. A razão de ser do inquérito mostra-se a viabilidade de chegar-se à oferta da denúncia, que, no caso, ocorreu e foi rejeitada pelo Juízo. Ora, se não é dado sequer alcançar a propositura da ação penal, ante o questionamento administrativo da exigibilidade do tributo, descabe manter latente o inquérito. Fora isso, é desconhecer a ordem natural das coisas, o princípio próprio à lógica da razão suficiente, da não-contradição. O inquérito existe visando a certo resultado e, se este não pode ser implementado, inadmissível é a manutenção, a seqüência pretendida. Desprovejo o agravo.

O SENHOR MINISTRO CEZAR PELUSO – Senhora Presidente, a meu ver, com o devido respeito, este caso de apropriação indébita previdenciária não pode ser equiparado ao dos delitos materiais de débito tributário, porque aqui o núcleo do tipo, sobretudo no caso, que é o 168, "a", inciso I, se compõe de dois verbos. As ações são duplas: primeiro, descontar; segundo, deixar de recolher.

No caso dos chamados "crimes tributários", questão prévia é saber se existe, ou não, jurídica e definitivamente, crédito tributário; não o havendo, isto é, na hipótese de não haver crédito tributário, à falta de lançamento definitivo, ou em caso de decisão administrativa que não reconheça a existência do crédito, evidentemente não há o resultado material previsto pela norma.

Aqui, a hipótese me parece diferente, pois não há necessidade de nenhum procedimento prévio para saber o montante ou o valor da contribuição previdenciária, por se tratar de ato que fica no arbítrio e no poder decisório do empregador. Ele desconta. Se desconta, é porque apura que há valor certo que deve ser retido. Se retém esse valor, apurado segundo o seu próprio juízo, que pode não corresponder ao total real do débito da contribuição, o qual pode ser maior ou menor, noutras palavras, se, na sua avaliação, desconta esse valor e deixa de o recolher, pratica as duas ações previstas no tipo. Isso independe do fato de o valor descontado, por iniciativa do próprio empregador, corresponder ou não ao do débito tributário, ao do débito da Previdência Social. É diferente.

O que se censura e pune aqui – embora isso também não possa deixar de ser levado em consideração – não é tanto o não-pagamento à Previdência, mas o fato de descontar ou reter certa quantia do valor do salário devido ao empregado, ou, dependendo da hipótese, a terceiro que preste serviço mediante pagamento sujeito à retenção, e não repassar esse valor que o próprio empregador, por iniciativa sua, julgando que era devido, estima mas deixa de recolher à Previdência Social.

Então, neste caso, a mim parece-me, com o devido respeito, que pouco importa se existe ou não procedimento administrativo, que se saiba ou não qual o real montante do débito previdenciário. Se há prova de que o empregador reteve importâncias a título de desconto previdenciário e não as repassou para a Previdência Social, em tese, pelo menos, comete o delito. Teoricamente, comete o delito. Isto é suficiente para o recebimento da denuncia, e, no caso, a denúncia é taxativa. Diz assim:

"Conforme NLFD n 35.932.107-0 (fls. 03/33), emitida pela fiscalização previdenciária, os valores destacados nas notas fiscais de serviços de fls. 56/66 e retidos, mas não repassados ao INSS, (...)",

pois integra o valor tal. Poderia ser até valor menor, ou poderia ser outro. Mas, enfim, o que, como resultado do próprio ato dos denunciados, se tem como certo é que retiveram dada importância, a título de que pertenceria à Previdência. Pode ser que o débito seja maior, pode ser que o débito seja menor, mas o fato em si é que as duas ações previstas no núcleo do tipo estariam presentes no caso. Houve a retenção e não houve o recolhimento.

O SENHOR MINISTRO MARCO AURÉLIO (RELATOR) – Vossa Excelência me permite? Apenas para ressaltar dados do meu voto.

O bem protegido juridicamente é o concernente à Administração Pública previdenciária. O tipo do artigo 168, alínea "a", não é reter indevidamente importâncias, mas deixar de repassar essas importâncias. Não se julga tipo penal tendo-se como vítima aquele que foi alvo do desconto, mas a Previdência.

Ora, o Ministério Público preconizou se oficiasse para se saber da existência ou não de processo administrativo fiscal em que discutido ser devido ou não o tributo. Acolhi a sugestão e oficiei, e veio a este processo a notícia de que a exigibilidade do tributo estaria suspensa.

Indago: diante desse contexto, é dado admitir o procedimento penal, ainda que sob o ângulo do simples inquérito? Penso que não.

O EXCELENTÍSSIMO SENHOR MINISTRO MENEZES DIREITO:
O que me chamou a atenção, Ministra Presidente, foi exatamente esse aspecto do voto do Ministro Marco Aurélio. É que não existe nenhuma evidên-

cia nos autos com relação às informações que foram prestadas e que haveria justa causa para a própria penal.

O SENHOR MINISTRO MARCO AURÉLIO (RELATOR) – O crime não está no primeiro passo, no desconto; está na ausência de recolhimento do que descontado e que seria devido à Previdência. É interessante a matéria.

O SENHOR MINISTRO CEZAR PELUSO – Se reteve, por iniciativa sua, mas não repassa?

O SENHOR MINISTRO MARCO AURÉLIO (RELATOR) – Mas não haveria o crime só pela retenção, porque a vítima nao é aquele que teve o valor descontado. A vítima, no caso, e a Administração Pública previdenciária. Por isso se trata do crime de apropriação – que diria – imprópria, apropriação indébita, ou seja, retém-se dinheiro de terceiro, da Previdência.

O SENHOR MINISTRO CEZAR PELUSO – Mas, eventualmente, a Previdência Social reconheceu que seria indevida a retenção?

O SENHOR MINISTRO MARCO AURÉLIO (RELATOR) – Não. Não era indevida. Veio um ofício dizendo-se que a exigibilidade do tributo está suspensa.

O SENHOR MINISTRO CEZAR PELUSO – Isso é outra coisa.

O SENHOR MINISTRO CARLOS BRITTO – É procedimento administrativo.

O SENHOR MINISTRO MARCO AURÉLIO (RELATOR) – Tanto que o Ministério Público, em um primeiro passo, preconizou a suspensão do processo; depois veio a evoluir para pedir a seqüência e o julgamento do recurso em sentido estrito, interposto contra o ato do Juízo Federal que implicou o não-recebimento da denúncia. É muito interessante! Agora, a evolução é sempre possível. Claro, admiti até mesmo no meu voto.

O SENHOR MINISTRO CEZAR PELUSO – Aqui, devo ser mais rigoroso. Acho que o ato não se equipara aos delitos materiais de crime tributário.

O SENHOR MINISTRO MARCO AURÉLIO (RELATOR) – O delito tem a natureza de delito omissivo material. Não é simplesmente formal.

O SENHOR MINISTRO CEZAR PELUSO – Simplesmente formal, não.

O SENHOR MINISTRO MARCO AURÉLIO (RELATOR) – Por isso há apropriação indevida.

O SENHOR MINISTRO CEZAR PELUSO – Por isso indaguei. Vem a Previdência Social e diz: não, esse desconto foi indevido, isto é, o empregador não devia ter descontado. Tudo bem, ai é outra coisa. Agora, querer saber se, para efeito de tipificação teórica desse delito, é preciso apurar primeiro o valor que deveria ter sido descontado e que eventualmente não foi repassado, é um *plus*.

O SENHOR MINISTRO MARCO AURÉLIO (RELATOR) – Não sei qual é a discussão no processo administrativo. É possível que se esteja discutindo a improcedência do desconto; que aquele desconto teria ocorrido por erro.

O SENHOR MINISTRO CEZAR PELUSO – É isso que digo, se houver qualquer algum elemento.

O SENHOR MINISTRO GILMAR MENDES – Este caso ainda suscita uma dúvida. É que se trata de imputação a um prefeito municipal de Goiânia – salvo engano.

O SENHOR MINISTRO CEZAR PELUSO – Sim, mas podia ser bispo do Paraná. Ele reteve?

O SENHOR MINISTRO GILMAR MENDES – Tem relevância, sim. Para efeito de apropriação indébita tributária, como isso se caracteriza?

O SENHOR MINISTRO MARCO AURÉLIO (RELATOR) – Tenho sérias dúvidas quanto a esse enfoque, em se tratando de integrante de pessoa jurídica de direito público. A menos que ele haja colocado o dinheiro no bolso. E geralmente não é isso. Geralmente o que ocorre? O dirigente tem pouco numerário, satisfaz o que devido em termos de salário, já em quantitativo menor. Não há o desconto, não há a concretude do desconto.

O SENHOR MINISTRO CARLOS BRITTO – Beneficiou a municipalidade, temporariamente.

A SRA. MINISTRA ELLEN GRACIE (PRESIDENTE) – Ministro Marco Aurélio, o Ministério Público tem um esclarecimento de fato.

O SR. ANTONIO FERNANDO BARROS E SILVA DE SOUZA (PROCURADOR-GERAL DE REPÚBLICA) – Apenas para esclarecer que os valores eram devidos pela Companhia de Urbanização de Goiânia e não pela Prefeitura – é sociedade de economia mista.

O SENHOR MINISTRO GILMAR MENDES – Mas a imputação é ao Prefeito.

O SENHOR MINISTRO MARCO AURÉLIO (RELATOR) – Sim, que hoje é Deputado Federal.

O SR. ANTONIO FERNANDO BARROS E SILVA DE SOUZA (PROCURADOR-GERAL DA REPÚBLICA) – Na época ele era o Presidente da Companhia. Ele e outro.

O SENHOR MINISTRO CEZAR PELUSO – É o representante do empregador. O problema não está em ato da Administração Pública, para apurar quem seria o pagador, ou, como se diz, o ordenador de despesas. Ele era o representante da companhia, e, portanto, o representante do empregador.

A SRA. MINISTRA ELLEN GRACIE (PRESIDENTE) – Ministro Cezar Peluso, talvez fosse interessante esmiuçar mais essa questão. O Procurador-Geral diz que não encontra dados aqui, mas talvez houvesse um parcelamento.

O SENHOR MINISTRO CEZAR PELUSO – Que tenha havido parcelamento?

O SENHOR MINISTRO GILMAR MENDES – Aqui está: "Conforme narra a peça inicial, os denunciados na qualidade respectivamente de ex-prefeito e ex-gestor de Órgão Público do Município de Goiânia..."

O SENHOR MINISTRO MARCO AURÉLIO (RELATOR) – Não. Ele descontou da Companhia de Urbanização de Goiânia. Ela é que teria sofrido "desconto", porque este geralmente não ocorre no setor público.

O SENHOR MINISTRO GILMAR MENDES – Sim, mas é na condição de ex-prefeito, mesmo.

O SENHOR MINISTRO CEZAR PELUSO – O eminente Procurador-Geral vai fazer algum esclarecimento?

A SRA. MINISTRA ELLEN GRACIE (PRESIDENTE) – Não há dados presentes, mas ele tem lembrança de que haveria talvez parcelamento.

O SENHOR MINISTRO CEZAR PELUSO – Estamos sugerindo suspender o julgamento para diligência?

A SRA. MINISTRA ELLEN GRACIE (PRESIDENTE) – Damos vista, em Mesa, ao Ministro Cezar Peluso.

O SENHOR MINISTRO CEZAR PELUSO – Não! Eu estaria de acordo com o eventual requerimento do Procurador ao qual vossa Excelência está aludindo.

O SENHOR MINISTRO MARCO AURELIO (RELATOR) – A minha premissa é esta: tenho notícia de que a exigibilidade do tributo está suspensa. Para mim é o suficiente a concluir que não pode ficar sequer inquérito sobre a cabeça dos envolvidos.

O SENHOR MINISTRO CEZAR PELUSO – Com isso estou de acordo.

O EXCELENTÍSSIMO SENHOR MINISTRO MENEZES DIREITO:

A referência que existe é que está em elucidação a existência de sonegação. Então, se está em discussão, se existe ou não, como vamos autorizar a ação penal? Não tem fundamento.

O SENHOR MINISTRO GILMAR MENDES – Cai na jurisprudência da condição de procedibilidade.

O SENHOR MINISTRO MARCO AURÉLIO (RELATOR) – De qualquer forma, o pano de fundo é muito interessante, porque, quanto à ação penal, não há a menor dúvida, caberia fulminá-la. E o inquérito? Fica o envolvido com uma verdadeira espada de Dâmocles sobre a cabeça, denegrindo-o, como disse, ou degradando-o?

O SR. ANTONIO FERNANDES BARROS SILVA E SOUZA – PROCURADOR-GERAL DA REPÚBLICA – Há uma informação: aguardando expedição de acórdão.

A SRA. MINISTRA ELLEN GRACIE (PRESIDENTE) – Não há elementos nos autos.

O SR. ANTONIO FERNANDES BARROS SILVA E SOUZA (PROCURADOR-GERAL DA REPÚBLICA) – Está suspensa, aguardando a publicação de acórdão.

O SENHOR MINISTRO MARCO AURÉLIO (RELATOR) – Mas há ofício revelando que a exegibilidade está suspensa.

O SENHOR MINISTRO CEZAR PELUSO – A Previdência reconhece isso?

O SENHOR MINISTRO MARCO AURÉLIO (RELATOR) – Reconhece.

O SENHOR MINISTRO CEZAR PELUSO – Se a Previdência reconhece, retiro todos os argumentos, porque estão prejudicados. Aí pode ser até caso de recolher o que não devia, descontar o que não devia.

O SENHOR MINISTRO MARCO AURÉLIO (RELATOR) – Sob pena de julgarmos o processo administrativo na apreciação deste inquérito. Aí não dá.

O SENHOR MINISTRO CEZAR PELUSO – Gostaria apenas de deixar claro, Excelência, mais uma vez, com o devido respeito, que eu não posso aderir à tese de que a tipificação desse delito dependa de procedimento prévio para liquidação do valor.

O SENHOR MINISTRO MARCO AURÉLIO (RELATOR) – Não é isso, Excelência. Isso também não sustento. É possível que haja dados suficientes a se prosseguir.

O SENHOR MINISTRO CEZAR PELUSO – Diante das particularidades do caso, concordo plenamente com Vossa Excelência.

O SENHOR MINISTRO MARCO AURÉLIO (RELATOR) – Agora, uma vez instaurado um procedimento administrativo fiscal e gerando esse procedimento a inexigibilidade, cessa tudo.

O SENHOR MINISTRO CEZAR PELUSO – Estou de acordo. Se a Previdência diz que é inexigível.

O EXCELENTÍSSIMO SENHOR MINISTRO MENEZES DIREITO:
Poderia existir, nos autos, uma prova de que houve retenção indevida e não houve repasse. Mas isso não existe aqui. O que está disponível é uma informação de que a própria Previdência Social não tem certeza no tocante à existência, ou não, da sonegação. Por isso o processo não está concluído. Então, neste caso, como não há a outra informação, essa pareceu-me suficiente para manter o arquivamento e não o sobrestamento.

O SENHOR MINISTRO MARCO AURÉLIO (RELATOR) – Um último esclarecimento: o desconto foi feito em cima de pagamento realizado à Companhia de Urbanização de Goiânia. E talvez tenha sido pelo Prefeito mesmo.

EXTRATO DE ATA

AG. REG. NO INQUÉRITO 2.537-2
PROCED.: GOIÁS
RELATOR: MIN. MARCO AURÉLIO
AGTE. (S): MINISTÉRIO PÚBLICO FEDERAL
AGDO. (A/S): PEDRO WILSON GUIMARÃES
ADV. (A/S): JOSÉ DO CARMO ALVES SIQUEIRA E OUTRO (A/S)
AGDO. (A/S): JOSIAS PEDRO SOARES
ADV. (A/S): LUIZ CARLOS ORRO DE FREITAS

Decisão: O Tribunal, à unanimidade e nos termos do voto do relator, conheceu do recurso e negou-lhe provimento. Ausentes, justificadamente, os Senhores Ministros Joaquim Barbosa, Eros Grau, Ricardo Lewandowski e a Senhora Ministra Cármen Lúcia. Presidiu o julgamento a Senhora Ministra Ellen Gracie. Plenário, 10.03.2008.

Presidência da Senhora Ministra Ellen Gracie. Presentes à sessão os Senhores Ministros Celso de Mello, Marco Aurélio, Gilmar Mendes, Cezar Peluso, Carlos Britto e Menezes Direito.

Procurador-Geral da República, Dr. Antônio Fernando Barros e Silva de Souza.

Luiz Tomimatsu
Secretário